공부

생각이 크는 인문학_공부

지은이 김윤경
그린이 이진아

1판 1쇄 발행 2013년 4월 29일
1판 19쇄 발행 2023년 12월 1일

펴낸이 김영곤
키즈사업본부장 김수경
에듀3팀 이영애 박시은
아동마케팅영업본부장 변유경
아동마케팅1팀 김영남 황혜선 이규림 정성은 손용우
아동마케팅2팀 임동렬 이해림 최윤아
아동영업팀 강경남 오은희 김규희 황성진 양슬기
디자인팀 이찬형

펴낸곳 (주)북이십일 을파소
출판등록 2000년 5월 6일 제406-2003-061호
주소 (우 10881) 경기도 파주시 회동길 201(문발동)
연락처 031-955-2100(대표) 031-955-2177(팩스)
홈페이지 www.book21.com

ⓒ 김윤경, 2013

ISBN 978-89-509-4857-3 43190

책 값은 뒤표지에 있습니다.

이 책 내용의 일부 또는 전부를 재사용하려면 반드시 (주)북이십일의 동의를 얻어야 합니다.
잘못 만들어진 책은 구입하신 서점에서 교환해 드립니다.

- 제조자명 : (주)북이십일
- 주소 및 전화번호 : 경기도 파주시 회동길 201(문발동) / 031-955-2100
- 제조연월 : 2023.12.
- 제조국명 : 대한민국
- 사용연령 : 8세 이상 어린이 제품

생각이 크는 인문학

❶ 공부

글 김윤경 그림 이진아

을파소

 **목 차**

머리글 6

1장
공부를 안 해도 잘할 수 있는 일은 없을까요?

코미디언은 공부 안 해도 되지 않나요? 10
공부 안 해도 되는 직업은 없을까요? 14
공부, 넌 도대체 정체가 뭐니? 19
제대로 아는 것만이 공부의 목적일까요? 23
사람다운 사람이 되기 위한 공부 28
★ 퇴계 이황의 스트레칭 방법 35

2장
공부를 해도 잘 모르는 것은 왜일까요?

아는 건지 모르는 건지 모르겠다고? 40
제대로 알고 있는지 어떻게 확인하나요? 44
소리 내어 읽으면 기억력도 쏙쏙! 51
수준에 맞는 책 고르기 54
반복해서 내용을 곱씹는 공부법 57
공부를 내 것으로 만들기 위해 필요한 것 60
아는 것과 행동하는 게 일치하나요? 66
★ 왕과 세자의 공부-경연과 서연 72

3장 옛날 사람들은 새로운 지식을 어떻게 발견했을까요?

관찰은 어떻게 해야 할까요? 76
철학자들의 지식 발견법 78
새로운 지식을 알아낼 때 맨 처음 뭘 해야 할까요? 83
눈으로 확인하는 지식은 언제나 옳을까요? 87
내가 본 것이 항상 정확한 게 아니라고요? 89
누가 봐도 타당한 지식을 얻으려면 어떻게 해야 할까요? 95
★ 조선 시대의 외국어 공부 102

4장 어떻게 하면 공부를 잘할 수 있을까요?

공부의 주인은 누구일까요? 106
공부하고 싶게 만드는 힘은 어디서 나올까요? 108
한 번에 다 아는 방법은 없을까요? 115
남이 잘한다고 하면 정말 잘한 걸까요? 123
즐기며 공부하면 지루할 틈이 없다 127
★ 선비들의 마음 집중법 136

5장 한 가지 공부만 잘하면 되지 않을까요?

그림만 열심히 그린다고 훌륭한 화가가 될까요? 140
마음의 작용까지 과학으로 설명할 수 있다고요? 146
과학만으로 모든 것을 다 알아낼 수 있을까요? 151
과학자는 과학만 잘하면 될까요? 156
★ 음악의 놀라운 힘 162

 **머리글**

공부의 즐거움을 누릴 수 있길 바랍니다

공부에는 다 때가 있어서 어릴 때 열심히 해야 한다는 말을 누구나 한 번쯤은 들어 보았을 것입니다. 오랜 시간 앞에서 하는 공부라면 정말 그래야 할지도 모릅니다. 당장 다음 달에, 혹은 내년이나 몇 년 뒤에 지식을 묻는 시험을 준비해야 한다면 건강하고 젊을 때 하는 것이 훨씬 효과가 좋을 테니까요.

 하지만 그런 준비가 과연 공부의 전부일까요? 스스로에게 한번 물어 보세요.

 공부는 왜 할까? 시험을 잘 보기 위해서? 그렇다면 시험은 왜 볼까? 시험에서 좋은 성적을 얻어야 하는 이유는 무엇일까?…… 이렇게 계속 묻다 보면 결국 한 가지 공통된 문제와 마주하게 됩니다. 그것은 바로 '더 나은 삶'을 살기 위해서지요. 공부는 바로 이런 인생의 궁극적인 목표와 맞

닿아 있습니다. 이런 의미에서 인간을 '호모 아카데미쿠스(공부하는 인간)'라고 부르기도 하지요.

더 나은 삶이 어떤 것인지는 오랜 시간 축적된 다양한 의견이 있습니다. 동서양의 옛 성현들은 더 나은 삶을 훌륭하게 사는 것, 참되게 사는 것으로 이해하고 그 의미에 대해 깊이 성찰했습니다. 그리고 이것을 이루기 위해서 하는 모든 것이 바로 공부라고 했지요. 이 책은 이런 공부에 대한 성현들의 고민과 통찰을 다루고 있습니다. '공부는 왜 하는가?', '진정한 공부란 무엇인가?', '공부하는 태도는 어때야 하는가?' 등 공부에 대한 옛사람들의 생각을 따라가 보면 오늘날에도 고개가 끄덕여지는 부분이 많습니다.

물론 이 책에서 말하는 것이 공부에 대한 모든 것은 아닙니다. 이 책을 읽고 나서도 내 공부는 여전히 막막할 수 있어요. 하지만 더 나은 삶을 살아가기 위해 우리 스스로 방법을 찾고 실행해 가는 것이 바로 공부라고 한다면, 한번 생각해 보세요. 나는 지금 무엇을 어떻게 해야 할까요? 그렇게 어려운 문제도 아닙니다. 내가 지금보다 더 나아지길 원한다면, 지금 내가 해야 하고 할 수 있는 것들이 머릿속에 떠오를 것입니다. 그리고 그런 고민을 하고 있다면 그것이 바로 열심히 공부하고 있는 것입니다.

그런 마음으로 이 책을 읽으면 옛사람들이 알려 주는 공부법 중에서 나에게 도움이 되는 것을 찾을 수 있을 것입니다. 더 나아가 스스로 깨닫는 바가 있게 된다면, 이 책의 빈 곳을 채워갈 수도 있겠지요.

저는 이 책을 보는 모든 어린이들이 이렇게 스스로 하는 공부의 즐거움을 누릴 수 있기를 바랍니다.

2013년 봄
김윤경

1장

공부를 안 해도 잘할 수 있는 일은 없을까요?

코미디언은 공부 안 해도 되지 않나요?

"태민아, 무슨 생각을 그렇게 하니? 선생님이 방금 질문했는데 못 들었나 보구나. 무슨 일 있었어?"

"아, 네. 사실은 문제집 안 풀었다고 엄마한테 많이 혼났어요. 선생님, 저는 공부가 너무 싫어요. 그리고 공부를 왜 해야 하는지도 모르겠고요."

"음…… 그랬구나. 방금 선생님은 네가 하고 싶은 일에 대해서 물었어. 하고 싶은 일을 생각하다 보면 공부할 것들이 떠오르지 않을까? 커서 무슨 일이 하고 싶니?"

"저는 축구선수가 되고 싶어요. 축구는 제가 좋아하는 운동이고 축구선수는 공부 안 해도 될 수 있으니까요."

"글쎄. 박지성 선수는 영어를 무척 잘하던데. 게다가 대학원에 가서 청소년 축구 교육에 관한 논문도 썼다고 하던걸?"

"국내에서만 축구선수로 활동하면 되지요! 그럼 영어를 사용할 일이 없잖아요."

"과연 그럴까? 박지성 선수는 국내에 있을 때도 항상 시합에서 이기기 위해 공부했다더라. 공으로 연습을 하지 않는 시간에도 축구와 관련된 다른 공부를 했대."

"그럼 코미디언은 어떨까요? 저는 남을 웃기는 일도 좋아해요. 코미디언은 공부를 안 해도 될 수 있을 거예요."

"그래? 정말 그럴까? 그러면 태민이가 직접 한번 해 보는 건 어때? 진짜 코미디언처럼 이번 특활시간에 코미디극을 공연해 보는 거야."

"정말요? 좋아요. 자신 있어요."

"그래, 잘됐구나. 친구들과 선생님이 정말 배꼽 잡고 웃을 수 있게 준비해야 한다."

"네!"

태민이는 과연 친구들과 선생님을 재미있게 하는 데 성공할 수 있을까요? 그러려면 과연 어떻게 해야 할까요? 물론 열심히 생각하겠지만 좋은 아이디어가 쉽게 떠오르진 않을 거예요. 다른 사람과 의견을 나누어 보거나 여러 코미디 프로그램을 일일이 찾아보면서 남을 웃기는 방법을 분석해 볼 수 있겠지요. 하지만 좀 더 빠르고 확실하게 남을 웃기는 방법을 알고 싶다면 전문적인 코미디언이 코미디를 어떻게 만드는지 잘 정리해 놓은 책을 읽어 보는 것이 좋을 것입니다. 이 책을 통해서 웃음을 만들어 내는 다양한 기술을 익히고 여기에 신선한 아이디어를 추가하면 머릿속으로 생각만 하고 코미디를 만드는 것보다 훨씬 좋은 결과를 기대할 수 있을 것입니다.

　태민이가 이런 방식으로 코미디를 만든다면, 코미디를 만들기 위해서 무엇을 했다고 할 수 있을까요? 이 모든 준비 과정은 한마디로 코미디에 관해 '공부'를 한 것이라고 말할 수 있습니다. 왜냐고요? 새로운 것을 알아보고 익히고 궁리하는 게 바로 공부니까요.

　그러면 이쯤에서 태민이가 처음에 가졌던 '코미디언은 공부를 하지 않아도 된다'는 생각은 잘못된 것이라는 결론을 내릴 수 있습니다.

　영국의 유명한 코미디언이자 영화감독인 찰리 채플린은 많은 영화에서 어수룩한 떠돌이 캐릭터로 등장했습니다. 그는 헐렁한 바지와 꽉 끼는 윗옷을 입고, 작은 모자에 아주 큰 신발을 신고 매번 바보 같은 역을 맡았지만, 그런 캐릭터로 당시 사회를 속 시원히 풍자했습니다. 그의 코믹한 모습 뒤에는 사회에 대한 날카로운 비판의식과 철학이 숨어 있었지요. 그가 당시 사회 상황도 잘 모르고 나름의 철

학도 없는 코미디언이었다면, 〈모던 타임즈〉*나 〈위대한 독재자〉 같은 예리한 풍자극을 만들 수 있었을까요? 그는 언제나 새로운 아이디어를 얻기 위해 고민했고 배우로 만족하지 않고 스스로 영화를 만들기 위해 영화 제작을 공부하기도 했습니다.

* **모던 타임즈** 찰리 채플린이 만든 영화로 분업과 컨베이어 벨트 시스템으로 인해 같은 일만 반복하고, 기계처럼 언제든지 다른 사람으로 바뀔 수 있는 존재가 되어 버린 근대 사회 노동자의 불행을 실감 나게 보여 준다.

공부 안 해도 되는 직업은 없을까요?

그렇다면 태민이 말대로 공부하지 않아도 할 수 있는 일은 정말 없을까요? 예를 들어 직업을 갖지 않고 집안일만 한다면 어떨까요? 혹시 집에서 살림을 하는 엄마나 아빠는 공부를 안 한다고 생각하나요? 하지만 부모님은 아주 많은 일과 공부를 하고 있습니다. 우리가 쓰는 생활용품이 안전한지, 우리가 먹는 음식 재료와 조리 방법 등은 어떤 것이 더 나은지, 좋은 교육 환경을 제공하려면 어떻게 해야 하는지 등을 늘 공부하십니다. 우리 생활에 많은 영향을 미치는 집안일은 생각만큼 쉽지 않아요. 이런 일들을 잘하려면 역시 많은 공부가 필요합니다.

구체적으로 이야기해 볼까요? 가령 쌀과 고기, 채소 등은 다른 나라에서 수입을 많이 합니다. 그런데 그런 재료가 생산되고 유통되는 과정에서 관리가 제대로 되지 않으면 우리 건강에 해를 끼칠 거예요. 멀리 떨어진 나라에서 수입을 하는 식재료는 긴 시간 유통을 하기 위해 약품 처리를 하기 때문에 안 좋은 점이 많아요. 뿐만 아니라 산지에서 관리가 제대로 되지 않은 식품이 들어오는 경우도 있죠.

대표적인 것이 소고기입니다. 소는 풀을 주로 먹는 초식성 동물인데 유통 과정에서 비용을 줄이고 인간의 편리함을 위해 소에게 동물성 사료를 먹이는 경우가 있습니다. 소가 소나 돼지, 닭 등이 도축되고 남은 뼈와 내장 등으로 만든 사료를 먹을 경우 광우병*이라는 치명적인 병에 걸릴 수 있다는 것은 잘 알려진 사실이에요. 따라서 우리나라를 비롯한 많은 국가에서는 소에게 동물성 사료를 먹이면 안 된다는 법을 만들기도 했지요. 그런데 만약 동물성 사료를 먹은 소의 소고기가 우리나라로 수입된다면 어떻게 될까요? 이것은 조금 복잡한 정치사회 문제와 연결돼 있어요. 중요한 것은 이런 문제를 떠나서 우리가 먹

* **광우병** 소에서 주로 발생하는 병으로 뇌세포에 구멍이 생겨 난폭한 행동을 하거나 잘 걷거나 서지 못하는 등의 증상을 보이다가 죽는다.

는 음식이 어떤 과정을 거쳐 식탁에 올라오는지를 잘 안다면 식재료를 살 때 조심하게 된다는 것입니다. 그래서 엄마들은 식재료를 고를 때 꼼꼼히 따져 보고 공부하는 부분이 꼭 한두 가지씩은 있습니다.

여러분을 가르치는 일과 관련된 것은 부모님에게 더욱 어려운 일이에요. 맹모삼천지교*라는 말을 들어 본 적 있죠? 맹자 어머니는 맹자가 좋은 교육 환경에서 자라게 하려고 세 번을 이사했다고 하지요. 처음엔 공동묘지 근처에 살았는데, 맹자가 매일 장사 지내는 흉내를 내며 놀자 이사를 갔어요. 그다음엔 시장 근처로 갔는데, 이번에는 물건 파는 놀이를 해서 결국 맹자 어머니는 서당 옆으로 이사를 갔지요. 그랬더니 맹자는 글 읽는 놀이를 하면서 지냈다고 합니다.

> ★ 맹모삼천지교(孟母三遷之敎) 맹자의 어머니가 자식을 위해 세 번 이사했다는 뜻으로, 배움에 있어서 그 환경이 중요함을 가리키는 말이다.

오늘날에도 좋은 교육 환경을 찾는 부모님들은 많습니다. 좋은 교육 환경이란 대안학교가 있는 공동체 마을일 수도 있고 유명한 학원이나 학교가 있는 도시일 수도 있지요. 그런데 교육 환경은 사는 지역뿐만 아니라 한 가정의 영향을 받기도 하기 때문에 부모님이 어떤 교육관을 갖느냐에 따라 집안 분위기나 가훈, 아이들에게 제시하는 공부 방향

등이 모두 달라집니다.

　그러니까 정말 아무 일도 하지 않고 산다면 모를까, 우리는 아무리 작은 일 하나라도 제대로 하려면 배우고 익혀야 합니다. 바로 그 '배우고 익히는 행위'를 공부라고 할 수 있지요. '공부' 하면 떠오르는 학교나 학원이 이 세상에서 없어진다고 해도 무언가 잘하기 위한 '공부'는 여전히 남아 있을 것입니다.

　공부는 간단한 기술을 익히는 좁은 의미의 공부부터 자기 인생 전부를 걸고 하는 넓은 의미의 공부까지 그 범위가 넓습니다. 여기서 생각해 보려는 공부는 넓은 의미의 공부입니다. 만일 공부를 통해서 한 가지 음식을 만들 수 있게 되었다고 해 봅시다. 만일 그 음식을 훌륭한 요리사가 되기 위해 배웠다면 거기서 공부를 그만두면 안 되겠죠? 우리가 제대로 잘하고 싶은 것이 남아 있는 한 공부는 계속 해야 하는 것입니다. 잘하고 싶은 것들은 저마다 다르겠지요. 농구, 영어, 식물 키우기 등 많은 게 있을 것입니다. 그리고 이러한 것들을 잘하기 위해서는 그에 맞는 공부를 해야 합니다.

　그렇다면 이런 것들을 굳이 왜 공부까지 하며 잘해야 할까요? 그 이유는 제대로 잘 살기 위해서입니다. 정말 제대로 잘 사는 것이 무엇인지 생각하고 이를 위해서 하는 공부를 떠올려 보세요. 그러면 공부를 해야만 하는 동기가 생길 겁니다. 공부하는 이유에 대한 근본적 의미를 잊지 않으면 공부를 그저 맹목적으로 하지는 않을 것입니다.

제대로 잘 사는 게 뭘까요?
공부를 하는 진짜 이유는 뭘까요?

　이 두 질문은 동전의 양면과 같습니다. 결국엔 같은 답을 찾게 되지요. 그렇다면 공부를 하는 진짜 이유는 무엇일까요? 이 질문에 답하기에 앞서 우리는 먼저 정말 근본적인 공부란 무엇인지 생각해 볼 필요가 있습니다. 근본적인 공부란 도대체 무엇을 말하는 것일까요?

공부, 넌 도대체 정체가 뭐니?

깊은 동굴 안쪽에 여러 명의 죄수가 있습니다. 이들은 태어날 때부터 몸이 꽁꽁 묶여서 동굴 벽만 볼 수 있습니다. 죄수들 뒤쪽에는 사람이 다니는 길이 있고 그 뒤에는 어둠을 밝히는 불빛이 있습니다. 그 불빛은 죄수들이 바라보는 동굴 벽면에 사람의 그림자를 만듭니다. 죄수들이 볼 수 있는 건 오로지 그 그림자뿐이지요.
　죄수들은 태어날 때부터 이런 상태였기 때문에 자신의 눈앞에 보이는 그림자가 진정한 사람의 모습이라고 생각합니다. 그런데 이때 죄수 중 누군가 주변의 상황을 볼 수 있게 된다면 어떤 생각을 할까요?

처음엔 불빛이 있는 곳까지 가면, 눈이 부셔 앞을 볼 수 없겠지만 차츰 자기가 보게 된 새로운 것들에 놀랄 것입니다. 그전까지 보았던 그림자는 진짜가 아니었다는 것을 알게 되겠지요. 그 죄수가 동굴 밖까지 간다면 어떤 생각을 하게 될까요? 불빛보다 더 강렬한 태양 빛이 고통스러워서 아예 밖으로 나가는 것을 거부할지도 모릅니다. 하지만 서서히 태양 빛에 적응하고 진짜 세상을 보게 될 것입니다. 그 후 죄수는 아마 자유롭지 못하고 가짜만 보이는 동굴 속으로는 다시 돌아가고 싶지 않을 것입니다.

이 이야기는 그리스 철학자인 플라톤*이 '공부란 무엇인가'를 설명하기 위해 예로 든 것입니다. 그는 이러한 죄수의 여정을 '공부'라고 했습니다.

> ★ **플라톤** 고대 그리스의 대표 철학자이다. 소크라테스의 제자이자 아리스토텔레스의 스승으로 알려져 있다.

플라톤은 대부분의 사람들이 동굴 속 죄수처럼 참된 것을 알지 못하고 눈앞에 가짜를 진짜라고 여기며 산다고 했어요. 예를 들어, 사람마다 '아름답다'는 말을 듣고 떠올리는 것이 다를 거예요. 좋아하는 사람의 얼굴이나 풍경, 동물, 예술 작품 등 다양하겠지요. 그런데 이것은 언제든지 바뀔 수 있습니다. 친구가 예쁘다고 생각하는 연예인이 나와 다를 수 있고, 내 눈엔 키 크고 마른 아이돌 가수가 예뻐 보이는데 부모님은 너무 크지 않으면서 통통한 옛날 배우가 예쁘다고 할 수 있지요. 어떤 사람은 저녁노을이 지는 바닷가 풍경이 가장 아름답다고, 누군가는 은하계 모습이 가장 아름답다고 생각할 거예요.

이런 것들은 각각의 특수한 조건과 상황에 따라 바뀌고 변하는 아름다움인데, 플라톤은 이 '바뀌고 변하는' 아름다움은 참된 것이 아니라고 생각했어요. 이는 아름다움뿐만 아니라 올바름, 용감함, 좋음 등의 다양한 가치에 적용됩니다.

플라톤은 사람의 성향이나 시대, 환경에 관계없이 변하지 않고 한결같은 것이 바로 진짜라고 했습니다. 여기서 변하지 않는 참된 것을 바로 '이데아'라고 합니다. 그리고 아름다움, 용감함, 좋음 등의 근원이 되는 변하지 않는 가치 자체를 알아내기 위해 노력하는 과정이 바로 공부지요.

참된 진리를 얻기 위해서는 부단한 노력과 고통이 따르지만, 이러한 참된 진리를 알게 된 사람은 고독하고 힘들더라도 다시는 알지 못하던 이전의 상태로 돌아가고 싶어 하지 않을 것입니다. 플라톤이 말하는 공부는 이렇게 참된

것을 제대로 아는 것이라고 할 수 있습니다.

플라톤의 주장처럼 진짜가 아닌 것을 진짜라고 생각하는 경우는 무척 많습니다. 대표적인 예가 천동설입니다. 예전 사람들은 해와 달이 뜨고 지는 모습, 별의 움직임을 보고 지구를 중심으로 태양과 별이 돈다고 생각했습니다. 하지만 사실은 지구가 태양 주위를 도는 것이지요.

이런 일은 일상생활 속에서도 많이 일어납니다. 물속에 수초가 가까이 보여서 얕은 줄 알고 무심코 들어갔다가 깊어서 놀라는 경우도 있고, 친구의 마음을 오해했다가 진심을 알게 되는 경우도 있지요.

플라톤이 말한 공부의 궁극적인 목적은 언제나 변함없는 가치인 이데아를 찾는 것입니다. 그리고 참된 것을 찾아 나가려는 공부는 우리가 일상에서 언제나 경험할 수 있는 일들이에요.

제대로 아는 것만이 공부의 목적일까요?

동굴 이야기의 마지막은 죄수가 동굴 밖으로 나와 진실을 알게 되는 것이었습니다. 동굴에서 나와 본 사람이라면 누구라도 다시 동굴로 들어가고 싶어 하지 않을 것이라고 했습니다. 하지만 그게 동굴로 돌아가서는 안 된다는 뜻은 아닙니다. 플라톤은 동굴에서 나와 본 사람들이 한 번씩 돌아가면서 다시 동굴로 돌아가 사실을 알려야 한다고 했습니다. 왜냐하면 동굴 속에 있는 사람들도 진실을 알아야 하니까요.

다시 말해 참된 것을 제대로 아는 것만이 공부의 끝은 아니라는 이야기지요. 플라톤 식으로 말하면 공부의 끝은 나 혼자 참된 것을 아는 것에 만족하지 않고 그것을 다시 다른 사람에게 바르게 알리는 데 있습니다. 모두가 진실을 알게 하는 게 공부의 진짜 이유지요.

이렇게 아는 것만이 공부의 전부가 아니라는 생각은 동양의 전통에서 더 많이 찾아 볼 수 있습니다. 플라톤처럼 공부를 중요하게 여긴 동양의 대표적인 성현으로 공자를 꼽을 수 있습니다.

《논어》는 공자가 제자들과 나눈 대화를 모은 책입니다. 이 책의 첫머리는 '배우고 때때로 그것을 익히면 기쁘지 않은가!'로 시작합니다. 배우고 익히는 공부의 즐거움을 뜻하는 말입니다.

공자는 또 이런 말도 남겼습니다.

인자한 마음을 갖는 것만 좋아하고 배우기를 좋아하지 않으면 어리석게 된다. 지혜를 펴기만 좋아하고 배우기를 좋아하지 않으면 방탕하게 된다. 신의를 지키는 것만 좋아하고 배우기를 좋아하지 않으면 남을 해치게 된다. 정직하고 올곧게 사는 것만 좋아하고 배우기를 좋아하지 않으면 냉정하고 쌀쌀맞게 된다. 용기를 내는 것만 좋아하고 배우기를 좋아하지 않으면 위태롭게 된다. 강하게 행동하는 것만 좋아하고 배우기를 좋아하지 않으면 잘난 체하게 된다.
-《논어》〈양화〉편

공자는 항상 남을 사랑하는 어짊, 지혜, 믿음, 정직, 용기 등 좋은 마음을 갖는 것이 중요하다고 했습니다. 그런데 이런 좋은 마음도 올바른 방법을 배우지 않는다면 언제든지 잘못된 방향으로 흘러갈 수 있다고 했지요.

남을 사랑하려는 마음만 앞서고 어떻게 하는 게 진짜 사랑하는 것인지 제대로 알지 못한 채, 무조건 잘해 주기만 하는 어리석음을 범하게 됩니다. 지혜롭지만 무엇을 위해서 왜 지혜를 발휘해야 하는지 제대로 공부하지 않은 사람은 나쁜 꾀를 내는 데 지혜를 사용할 수도 있습니다. 드라마에서 종종 굉장히 똑똑한 사람이 자기 능력을 나쁜 목적을 위해서 쓰는 경우가 나오지요. 정직함도 마찬가지입니다. 앞뒤 상황은 따져 보지 않고 정직만을 좇으면 야박한 행동을 할 수도 있습니다. 공자가 살던 시대에 정직을 좋아하는 어떤 사람이 남의 물건을 훔친 아버지를 고발한 적이 있었습니다. 공자는 이 사람의 행동을 좋게 여기지 않았어요.

용감함도 마찬가지입니다. 실제로 공자의 제자 중에 자로라는 사람이 있었는데, 이 사람은 용감하기로 유명했습니다. 공자도 "용기로 치면 자로가 나보다 월등하다"라고 인정할 정도였지요. 한번은 자로가 공자에게 "만일 큰 군대를 지휘하신다면 누구와 함께 일을 하시겠습니까?"라고 물었습니다. 그러자 공자는 다음과 같이 대답했지요.

"맨손으로 호랑이를 잡으려 하고 맨몸으로 강물을 건너려다 죽어도 후회하지 않을 그런 무모한 사람과는 함께하지 않을 것이다. 내가 함께할 자는 일에 임해서는 두려워할 줄 알고 신중하게 계획을 잘 세워 성공하는 그런 사람이다."

공자는 자로의 용맹과 결단력을 칭찬했지만, 신중하지 못한 무모함을 항상 걱정하고 자제할 것을 당부했습니다. 자로는 성격이 급하고 결단력이 있어서 배운 것이 있으면

반드시 용기 있게 바로 실천해야 한다고 생각했습니다. 공자는 자로의 거칠고 급한 성격이 오히려 재앙을 불러올 것을 걱정했지요. 결국 자로는 공자가 걱정한 대로 위나라의 전쟁터에서 죽고 말았습니다.

사람다운 사람이 되기 위한 공부

그렇다면 진정한 용기란 무엇일까요? 진정한 용기를 기르는 데도 공부가 필요하다면 그것은 어떤 공부일까요?

공자의 사상을 계승한 맹자는 진정한 용기를 위해 어떤 공부가 필요한지 얘기한 적이 있습니다. 그는 진정한 용기를 '흔들리지 않는 마음'을 갖는 것이라고 했지요. 맹자는 사람마다 각기 다르게 생각하는 잘못된 용기를 몇 가지로 나누어 다음과 같이 설명했습니다.

북궁유라는 사람은 이렇게 용기를 길렀다. 그는 칼에 찔려도 조금도 흔들리지 않으며 적으로부터 눈을 피하지도 않았다. 털끝만큼이라도 남에게 꺾이면 마치 사람이 많은 시장통에서 종아리를 맞는 것처럼 여겨서 거지에게도, 나라의 군주에게도 모욕을 당하지 않으려 했다. 그는 나라의 군주를 칼로 찔러 죽이는 것을 마치 보잘것없는 길가의 사내를 찔러 죽이는 것처럼 생각해서, 무서워하는 제후가 없었다. 자기를 험담하는 소리가 들리면 누구에게든 반드시 보복했다. 한편 맹시사라는 사람은 전쟁에서의 상황이나 이기고 지는 결과는 상관하지 않고 두려워하지 않는 마음만으로 용기를 얻으려 했다. 그는 "적의 상태를 헤아린 뒤에 전진하고 승리를 생각한 뒤에 싸운다면 이것은 적의 군대를 두려워하는 것이다. 이렇게 해서 어찌 반드시 승리할 수 있겠는가, 두려움이 없어야 할 뿐이다"라 했다.

물론 이 두 가지 경우는 모두 바람직한 용기가 아닙니다. 맹자는 이어서 공자가 아끼던 제자였던 증자의 말을 인용하면서 진정한 용기가 무엇인지 설명했습니다.

스스로 돌이켜서 정직하지 못하면 비록 길 가는 거지라도 어찌 두렵지 않겠는가. 그러나 스스로 돌이켜서 정직하다면 비록 천만 명의 장정이 있더라도 내가 가서 대적할 수 있다.

진정한 용기는 바로 정직함에서 생기는 것이라고 했습니

> ★ **호연지기** 하늘과 땅 사이에 가득 찬 넓고 큰 원기. 《맹자》〈공손추〉의 상편에 나오는 말이다.

다. 그것을 맹자는 '호연지기(浩然之氣)★' 라고 했지요. 진정한 용기란 진실하고 바른 마음가짐 속에서 하루하루 쌓여 가는 것이라 했습니다. 내가 당당하다면 피하거나 감출 것도 없고 그러면 저절로 두려울 게 없어진다는 것이지요.

거짓말을 하고 남을 속이는 행동을 하면 그것을 들킬까 봐 움츠러들고 숨기기 위해서 자꾸만 거짓말을 더 하게 됩니다. 또 누군가에게 내가 숨긴 잘못을 들키면 그 사람의 눈치를 보고 시키는 대로 하게 되는 경우도 있어요. 그러니까 참되고 떳떳한 것이 그만큼 중요하다는 것입니다. 그런데 나름대로 참되게 행동했는데, 마음속이 석연치 않고 이게 아니다 싶은 생각이 들 때도 있습니다. 맹자는 어떤 행동을 했는데 마음이 불편하다면 그만큼 호연지기가 부족한 것이기 때문에 이를 다시 바로잡아야 한다고 했습니다.

그리고 가장 중요한 것은 호연지기가 하루아침에 이뤄지는 게 아니라서 평소에 참되도록 노력하는 공부를 해야 한다는 점입니다. 맹자는 이것을 춘추시대 송나라 사람의 이야기를 들어 설명했습니다.

송나라의 어떤 농부가 논에 벼를 심어 놓고 빨리 자라기를 기다리고 있었습니다. 그는 자신의 싹이 다른 사람의 싹보다 아무래도 잘 자라지 않는 것 같아서 한 가지 꾀를 냈는데 바로 싹을 손으로 일일이 잡아당기는 것이었습니다. 일을 다 끝내고 집으로 돌아온 농부는 아들에게 자신이 오늘 한 일을 뿌듯해하며 이야기했습니다. 그런데 이 말을 들은 아들이 놀라 논에 가 보니 벼는 이미 다 뽑혀 말라 죽어 있었습니다.

맹자는 이 이야기를 예로 들면서 넓고 큰 기개를 억지로

기르려 하거나 미리 효과를 기대해서는 안 된다고 했습니다. 중요한 것은 참되고자 하는 마음을 잊지 않고 매일매일 참된 것을 꾸준히 쌓아나가야 한다는 것이지요.

공자를 비롯한 많은 동양의 성현들은 좋은 태도와 마음을 갖기 위한 공부를 중요하게 여겼습니다. 그 공부는 지금 여러분이 책을 읽고 수업을 듣는 것보다 범위가 넓답니다.

공자는 집에 들어오면 효도하고 집을 떠나서는 형제나 친구들과 우애롭게 지내고 항상 조심하고 믿을 만하게 행동해야 한다고 했습니다. 이런 것들을 실천하고 남는 힘이 있으면 그제야 글을 배운다고 했지요《논어》〈학이〉편).

지식을 얻기 위한 공부도 필요하지만 그에 앞서 좋은 마음과 태도를 갖는 것이 더 중요하다는 뜻입니다. 그러려면 선한 마음과 태도를 지닌 사람과 어울려서 좋은 마음이 밖으로 드러나는 게 구체적으로 어떤 것인지 보고 스스로 실천하는 공부를 해야 합니다. 공자는 이것을 인(仁)과 예(禮)라고 표현했습니다.

공자와 맹자가 말한 공부는 오늘날 공부를 하는 이유와 많이 다릅니다. 요즈음에는 대부분 사회적으로 좋은 지위를 얻기 위해 공부를 합니다. 그러니 좋은 마음을 갖기 위한 공부가 왜 필요한지 궁금할 수도 있을 거예요.

좋은 마음(인)과 좋은 태도(예)를 갖는 공부는 왜 중요할까요? 이런 공부가 오늘날 우리에게도 필요할까요?

 공자는 공부를 통해 인과 예를 갖춰야 사람다운 사람으로 제대로 살 수 있다고 했습니다. 사람들이 이런 노력을 기울여야 좋은 사회가 된다고 믿었습니다. 또 인과 예를 갖는 것은 사람이면 마땅히 해야 할 일이라고 생각했지요.

 특히 좋은 태도는 좋은 마음에서 나오기 때문에 인을 완성하는 것이 중요하다고 강조했습니다. 그래서 그는 "사람이면서 인자하지 않으면 예의 같은 것이 무슨 소용인가?"라고도 했지요.

 인은 한마디로 '다른 사람을 사랑하는 마음'입니다. 더 구체적으로 말하자면, 자기 진심을 다하는 것[충(忠)], 내가 하고 싶지 않은 것은 남에게도 시키지 않는 것[서(恕)]입니다. 예는 다른 사람과 관계를 맺을 때 인을 바탕으로 상대를 대하는 것을 뜻하고요.

 좋은 마음과 태도는 때와 상황에 따라 달라질 수 있습니다. 때에 따라 변하는 인과 예를 한결같이 갖는 것이 바로 공자가 말하는 공부입니다.

　인과 예의 완전한 경지에 이르려고 노력하는 사람을 '군자'라 하고 완전한 경지에 이른 사람을 '성인'이라고 합니다. 공자는 이미 인과 예의 완전한 경지에 이르렀던 성인이 남겨 놓은 글이나 행적을 보고 실천하는 것과 동시대의 군자에게 배우며 스스로 생각해 보는 것을 중요한 공부로 여겼습니다. 또한 배운 것이 익숙해지면 기쁨을 느끼게 되는데, 이런 식으로 전에 배운 것에서 새로운 것을 알아가는 사람은 스승으로 삼을 수 있다고 했습니다.

　공자는 이렇게 좋은 마음과 태도를 기르기 위해서는 공부가 중요하다고 강조했습니다. 그리고 이런 공부를 하기 위한 능력이 부족한 사람은 본 적이 없다고 했습니다. 좋은 마음과 태도를 기르는 공부는 사람이면 누구나 할 수 있고, 누구든지 꼭 해야 하는 공부이기 때문입니다. 결함 없는 완전한 마음을 가진 사람이 될 때까지 말이죠.

퇴계 이황의 스트레칭 방법

"공부는 머리로 하는 게 아니라 엉덩이로 하는 것이다"는 말을 들어 본 적 있나요?

　공부할 때 머리로 생각하는 것도 중요하지만 공부 시간과 공부하는 양도 많아야 합니다. 그러니까 엉덩이로 공부한다는 것은 오랫동안 한자리에 앉아서 공부할 수 있는 끈기와 집중력이 필요하다는 뜻이에요. 뿐만 아니라 오랫동안 한자리에서 공부하려면 튼튼한 체력도 필요합니다.

　옛날 학자들도 체력을 기르는 것을 매우 중요하게 생각했습니다. 그래서 항상 수련을 했어요. 조선 시대의 대학자 퇴계 이황(1501~1570)은 몸에 무리가 갈 정도로 매우 열정적으로 공부를 했다고 합니다. 하지만 의원을 찾아가 병을 치료하는 방법보다는 수련을 통해 미리 예방하는 것이 중요하다고 생각하고 《활인심법(活人心法)》이라는 도교 수련서 속에 나오는 양생법으로 몸을 다스렸습니다. 양생법이란 한마디로 몸을 건강하게 만드는 방법을 말해요. 여러 가지 운동법과 식이요법, 마음가짐 등을 통틀어 양생법이라고 할 수 있지요.

　이 가운데 몇 가지 운동법을 살펴볼까요? 우선 가부좌를 틀고 앉아서 눈을 감아요. 주먹을 쥐고 조용히 집중한 다음 위아래 어금니가 서른여섯

번 닿도록 합니다. 그리고 두 손으로 정수리를 감쌌다가 다시 두 손바닥으로 두 귀를 감싸고 집게손가락으로 가운뎃손가락을 튕기면서 머리 뒤를 스물네 번 칩니다. 이때 머릿속에서 소리가 나는 것을 느낄 수가 있는데 이것을 '하늘의 북 울리기'라고 해요. 또 혀로 볼 안쪽을 좌우로 휘둘러서 침이 고이길 기다렸다가 삼킵니다. 이때 몸동작 하나하나를 정확히 하면서 몸의 변화를 느끼는 것이 중요합니다.

운동의 방향은 머리에서 아래로 내려갑니다. 손을 뜨겁게 비볐다가 신장이 있는 부위를 잘 문질러 주고 어깨를 돌리기도 합니다. 코로는 맑은 기를 마시며 잠시 숨을 멈추었다가 내쉬면서 팔과 어깨를 돌리고 다리를 뻗어 발을 잡고 팽팽하게 당기는 등의 스트레칭을 반복하지요.

이런 동작은 몸의 변화를 느끼며 기가 몸의 부위마다 모인다고 생각하면서 천천히 해야 하기 때문에 꽤 힘이 듭니다. 이러한 운동법을 밤 11시 이후부터 그다음 날 낮 12시 이전까지 한 차례 실행하거나 시간에 상관없

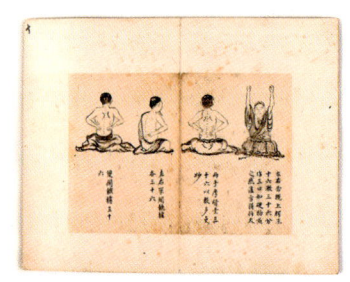

《활인심법》

　이 하루에 세 차례 반복하면 질병이 사라지고 몸이 가벼워진다고 합니다.
　이런 방법 이외에도 반복적인 호흡으로 배꼽 아래 단전에 기운을 모으거나 입으로 길게 소리를 내면서 몸 안의 기운을 다스리는 방법이 있어요. 휴, 허, 후, 시, 취, 히 소리를 내면서 내장의 나쁜 기운을 내뱉는 원리인데, 호흡에 유의하면서 해야 하지요. 소리를 내는 것이 별것 아닌 것 같지만 꽤 힘이 들고 백 회 이상 반복하면 몸의 변화를 느낄 수 있습니다. 이황은 이러한 수련법을 통해서 질병을 극복하고 동시에 마음을 다스리는 공부에 매진할 수 있었습니다.

2장

공부를 해도 잘 모르는 것은 왜일까요?

아는 건지 모르는 건지 모르겠다고?

"형, 형이 알려준 대로 했는데 아이스크림이 안 만들어져."

"안 돼?"

"응. 우유를 저으면 아이스크림이 된다고 하지 않았어?"

"그렇게 하는 게 맞는데……."

"잘못 알고 있는 거 아니야?"

"아니야. 우유를 저어서 만드는 거야. 그건 내가 알아."

"그런데 왜 아이스크림이 안 만들어지는 거야? 뭐가 잘못된 거지?"

"알긴 아는데…… 잘 모르겠어."

"뭐라고? 안다는 거야, 모른다는 거야? 형이 분명히 우유를 찬 그릇에 넣고 계속 저으면 아이스크림이 된다고 했잖아."

"으응, 책에서 봤어. 분명히 그렇게 만드는 거야. 그런데 나도 안 해 봐서 잘 모르겠네."

"그럼 제대로 아는 게 아니었잖아."

여러분은 아이스크림 만드는 방법을 아나요? 우유로 만든다는 사실은 대부분 알고 있겠지만 만드는 방법까지 정확히 알고 있는 사람은 많지 않습니다.

이 글에 나오는 형은 아이스크림 만드는 방법을 어느 정도 알고 있는 것 같군요. 형은 동생이 아이스크림을 만들다가 실패한 것을 보기 전까지는 아마 자신이 아이스크림 만드는 방법을 정확히 알고 있다고 생각한 것 같습니다. 하지만 동생의 실습 결과를 놓고 봤을 때, 형이 아이스크림 만드는 법을 알고 있었다고 할 수 있을까요? 형은 책에서 읽어 아이스크림이 만들어지는 원리는 잘 알고 있었지만 직접 해 보지 않아서 동생이 잘못한 부분을 설명해 줄 수 없었습니다. 결국 제대로 모르고 있었던 것이지요. 이런 일은 일상에서도 흔히 일어납니다.

누구나 잘 알고 있는 감자를 예로 들어 볼까요? 우리가 먹는 감자는 뿌리 부분이에요. 그렇다면 감자의 잎과 줄기는 어떻게 생겼을까요? 다음에 나오는 동요 〈감자〉의 가사를 보고 상상해 보세요.

감자는 반쪽씩 잘라 심어도
씨눈마다 굵은 싹이 솟아오르고

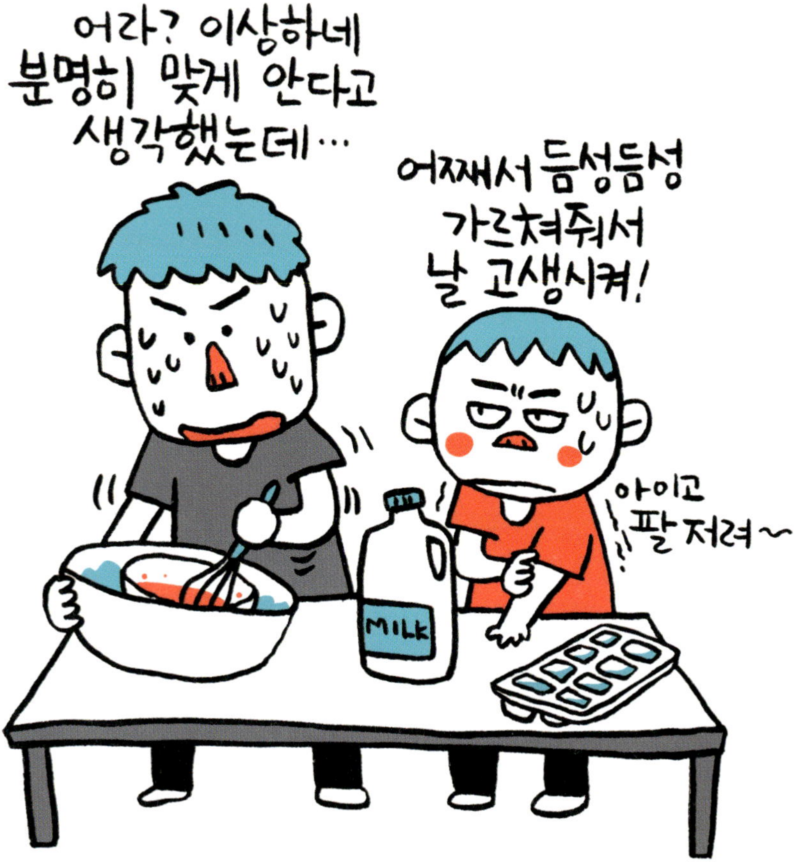
어라? 이상하네
분명히 맞게 안다고
생각했는데…
어째서 듬성듬성
가르쳐줘서
날 고생시켜!
아이고
팔 저려~
MILK

어둡게 자랐어도 사이가 좋아
캘 때는 온 식구가 따라 나온다
-이문구, 〈감자〉

  감자가 자라고 열리는 모습을 직접 보고 체험한 사람은 이 노래의 가사를 잘 이해할 수 있을 거예요. 하지만 시장에서 파는 감자만 본 사람은 이 가사를 제대로 이해할 수 없을 것입니다. 감자를 심을 때는 큰 감자 하나를 서너 조각으로 잘라서 땅속에 묻습니다. 그러면 각각의 조각에서 싹이 나와 줄기와 잎으로 자라지요. 땅속에서 자라니까 햇빛 없이 어둡게 자라는 건 당연하겠지요. 다 자란 감자는 하나만 캐도 줄기에 연결된 다른 감자가 줄줄이 따라 나옵니다. 이 노래는 감자의 이런 모습을 잘 표현했습니다.

  이 글을 읽고 감자가 자라는 과정을 처음 알게 된 사람은 이제 시장에 가서 감자를 보면 예전보다 감자가 더 친근하게 느껴질 거예요. 밭에서 감자를 직접 길러 본다면 더욱 잘 알 수 있겠죠.

  우리가 먹고 입고 사는 모든 것들이 다 마찬가지입니다. 우리는 자연 없이 하루도 살지 못하면서 자연을 잘 알지 못합니다. 살아가는 데 꼭 필요한 것을 잘 알아야 우리 삶도 잘 꾸려갈 수 있어요. 그렇기 때문에 공부가 필요한 것입니다.

공부를 해도 '알면서도 모르는' 결과가 생기는 것은 체험이 부족하기 때문입니다. 그렇다고 해서 책 속의 지식이 무의미하다는 것은 아닙니다. 책을 통해서도 간접적인 정보를 얻을 수 있고 생각의 자료를 모을 수 있어요. 하지만 거기서 머물러서는 안 되고 직접 보고 느껴 봐야 합니다. 더 나아가서 그 속에서 스스로 터득한 앎이 있다면 더 바랄 것이 없겠지요. 감자를 직접 보고 느낀 다음 감자를 잘 키우는 법을 알아낸다면 그것은 감자와 관련해서 삶의 지혜를 얻은 것입니다. 공부를 진짜 제대로 한다는 것은 체험으로 알고 스스로 지혜를 터득해 가는 것이라고 할 수 있습니다.

제대로 알고 있는지 어떻게 확인하나요?

그렇다면 과거에 살았던 원시인이나 공룡 등 지금 보고 느낄 수 없는 것들은 어떡할까요? 블랙홀이나 은하계, 깊은 바다와 같이 직접 체험하는 것이 어려운 경우는 또 어쩌죠? 과거의 것들은 유적이나 유물 등의 흔적이나 기록으로 알 수가 있겠지요. 직접 체험하는 것이 어려운 블랙홀이나 은하계, 깊은 바다 등은 천체 망원경이나 인공위성 사진, 혹은 가상 화면 등을 통해 최대한 비슷한 경험을 할 수 있을 것입니다.

또 이런 경우도 있어요. 체험을 할 수 없는 것은 아닌데 체험만이 전부는 아닌 경우죠. 우정, 사랑, 올바름, 좋음, 아름다움, 민주주의, 정의 같은 추상적인 가치의 문제가 그렇습니다. 우정이나 사랑은 글을 통해 공부하기보다는 친구와 가족, 이웃과의 관계를 통해서 배워야 합니다. 또 민주주의는 이론을 익히는 것에 머물지 않고 직접 선거에 참여해 보면 더욱 잘 알 수 있을 것입니다.

하지만 이런 경험만으로 우정과 사랑, 정의와 같은 가치를 다 알게 되는 것은 아닙니다. 그렇다면 과연 어떤 방법으로 추상적인 가치를 터득할 수 있을까요? 다음은 소크라테스와 그의 친구 크리톤의 대화입니다. 이 대화를 보고 그 방법에 대해 이야기해 볼까요?

소크라테스: 올바르지 못한 짓을 한다는 것은 모든 면에서 항상 나쁘고 부끄러운 것인가, 그렇지 않은가?

크리톤: 나쁘고 부끄러운 것이지.

소크라테스: 그렇다면 어떤 경우에도 올바르지 못한 짓을 해서는 안 되겠군.

크리톤: 물론 안 되네.

소크라테스: 그렇다면 많은 사람에게 올바르지 못한 일을 당했다고 해서 그에 대한 앙갚음으로 올바르지 못한 짓을 해서는 안 되겠군. 왜냐하면 어떤 경우에도 올바르지 못한 짓을 해서는 안 되니까.

크리톤: 음, 그래서는 안 될 것 같구먼.

소크라테스: 그러면 이건 어떤가. 크리톤, 남을 해쳐도 되는가, 아니면 안 되는가?

크리톤: 물론 안 되네.

소크라테스: 그럼 해를 입었다고 해서 앙갚음으로 해치는 것은 올바른 것인가, 아니면 올바르지 못한 것인가?

크리톤: 전혀 올바르지 못한 일이네.

소크라테스: 그것은 사람들을 해치는 것이 어쩌면 올바르지 못한 짓을 하는 것과 전혀 다를 게 없기 때문일 걸세.

크리톤: 당연히 그렇다네.

소크라테스: 만약에 어떤 식으로든 자네가 지금까지 말한 것과 다른 생각이 있다면 내게 말해 주게. 그렇지 않고

동의한다면, 그다음 말을 들어 주게나.

크리톤: 물론 같은 생각을 하고 있네. 그러니 말해 보게.

소크라테스: 그러면 이번에는 그다음 것을 말함세. 아니 그보다도 묻겠네. 어떤 사람이 누군가와 합의한 것들이 올바른 것일 경우 그대로 따라야 하는가, 아니면 무시해도 되는가?

크리톤: 따라야 하겠지.

소크라테스: 그러면 이를 미루어 생각해 보게. 우리가 나라를 상대로 설득도 하지 않고 여기 이 감옥에서 떠날 경우, 우리는 조금도 해쳐서는 안 되는 어떤 사람들을 해치게 되는 것인가, 아닌가? 그리고 우리가 합의한 바 있는 그 올바른 것을 지키게 되는 것인가, 아닌가?

크리톤: ······.

위 대화는 크리톤이 소크라테스를 감옥에서 꺼내 주기 위해 그를 설득하러 갔다가 오히려 설득 당하고 있는 장면입니다. 그런데 소크라테스가 왜 감옥에 있냐고요? 소크라테스는 왜 그런지 따져 묻고 답하는 토론 방식으로 청년들에게 나쁜 영향을 미쳤다는 이유로 고발을 당했습니다.

당시에는 청년들에게 자기 생각을 잘 말하는 기술(웅변술)

을 가르치는 전문 교사가 많았습니다. 그런 사람들을 소피스트라고 불렀죠. 소피스트는 누구에게나 올바르다고 생각될 수 있는 보편적인 생각을 전파하기보다는 '진리라는 것은 강자의 이익이다'라는 식으로 자신에게 이익이 되고, 남을 이기는 기술을 많이 가르쳤어요. 사회의 문제점이나 상식의 오류 등을 따지기보다는 자신에게 유리한 조건을 만들어 내는 기술을 가르친 것이지요.

하지만 소크라테스는 달랐습니다. 정반대였지요. 그는 모두 '예'라고 할 때, 누구나 인정할 수 있는 분명한 이유가 있다면 '아니요'라고 답할 수 있도록 청년들을 가르쳤습니다. 소피스트들은 소크라테스의 이런 교육 방법이 당시 사회의 가치를 흔들어 놓는다고 여겼어요. 결국 소크라테스는 청년들을 타락시켰다는 이유로 사형 선고를 받았습니다.

앞서 소개한 장면이 소크라테스와 크리톤이 나눈 대화의 전부는 아니지만 대화의 맥락을 보면 소크라테스는 크리톤에게 배심원의 판결을 거스르고 감옥에서 나가는 행위는 올바르지 못하다고 말하려는 듯합니다.

그런데 여기서 중요한 것은 그가 대화를 나누는 방식입니다. "그건 옳지 못하니까 안 돼"라고 일방적으로 말하는

것이 아니라, 크리톤이 아주 근본적인 사실부터 생각하고 자연스럽게 소크라테스의 의견을 인정하도록 대화를 이끌어 가는 방식이지요. 상대가 스스로 문제의 근본부터 체계적으로 정리하도록 도와주는 대화법이라고 할 수 있어요. 이런 대화와 토론의 방식을 '산파술'이라고 합니다. 산파는 아기를 낳을 때 아기를 받고, 산모를 도와주는 사람이에요. 산파술은 산파처럼 옳은 생각을 스스로 끌어 낼 수 있도록 도와주는 대화법이라는 점을 비유한 것이지요.

이 대화법은 소크라테스 나름의 공부법이라고 할 수 있습니다. 책을 보거나 선생님, 어른에게 일방적으로 지식과 기술을 받아들이는 것이 아니라 스스로 깊게 생각하고 그 생각을 정리하는 공부법이에요. 이 공부법의 중심에는 바로 '나'가 있지요. 남의 의견을 따르는 게 아니라 직접 생각의 지도를 그리며 일일이 생각해 보면 진짜 내 생각을 가질 수 있게 됩니다.

이 공부법에서 대화가 중요한 것은 혼자 생각하다 보면 때로 한계에 부딪히기 때문입니다. 내 경험과 지식은 한계가 있어서 계속 같은 자리를 맴돌 수도 있거든요. 하지만 다른 사람과 서로 묻고 답하다 보면 나와 다른 생각도 접하게 되고 내가 그냥 지나쳐 버렸던 부분도 발견하게 되지요. 또한 내가 아는 것을 남에게 조리 있게 설명하는 것도 매우 중요합니다. 다른 사람에게 한 번 설명한 내용은 오래 기억에 남습니다. 외국어를 배울 때도 그저 책을 읽는 것보다 다른 사람 앞에서 직접 말해 보는 게 중요하다는 건 누구나 아는 사실입니다. 다른 공부도 마찬가지예요. 자신이 알고 있는 게 맞는 것인지 최종 확인하는 방법은 대화와 토론을 통해서 이룰 수 있답니다.

소리 내어 읽으면 기억력도 쑥쑥!

동양의 학문에서도 이런 방법은 매우 중요한 공부법이었습니다. 선생님이나 친구들과 대화와 토론을 하는 경우가 많았지요. 책을 보는 경우도 물론 있었는데, 책에서 의문이 나는 점은 역시 친구들과 대화를 나누었습니다. 《논어》라는 책도 공자와 제자들의 대화 내용을 기록한 것입니다.

그런데 동양의 대화하는 방식이 소크라테스의 방식과 다른 점은 선생님이 긴 논박을 통해서 학생의 생각을 직접 높은 단계로 끌어 주는 것이 아니라 학생이 공부한 수준에서 한 발짝씩만 더 나아가도록 도와준다는 것입니다. 결코

한 번에 다 알려주지 않아요.

동양에서는 글귀를 외우는 것 역시 중요한 공부법 중 하나로 여겼습니다. 그중 책을 보지 않고 등을 돌리고 앉아 글귀를 암송하는 것을 '배송(背誦)'이라고 합니다. 글귀를 암송하는 것은 글이 담고 있는 전체 내용을 파악하는 매우 중요한 작업이었어요. 스승은 글을 외우지 못하는 학생에게는 그 글에 대한 깊이 있는 설명을 해 주지 않았고 더 나아가 외운 부분에 대해 질문하지 않는 학생에게는 더 이상 새로운 것을 알려 주지 않았습니다. 책의 내용을 토론하려면 기본적으로 어제까지 배운 내용은 거의 암기하고 있어야 하고 왜 그런가 하는 의문을 가져야 하지요. 《논어》〈학이〉편에 "배우고 때때로 익히면 기쁘지 않은가? 먼 곳에서 벗이 찾아오면 기쁘지 않은가? 남이 나를 알아주지 않아도 원망하지 않으면 군자답지 않은가?"라는 구절이 있습니다. 이 구절을 한번에 파악할 수도 있지만 사실은 그렇지 않은 경우가 대부분입니다. 무엇을 배운다는 거지? 익힌다는 것은 무엇일까? 익혀서 얻는 기쁨은 어떤 것인가? 등의 많은 질문을 할 수 있어요.

옛이야기에 종종 선비의 글 읽는 소리에 여인이 반했다는 내용이나 '서당개 삼 년이면 풍월을 읊는다'는 속담만 봐

도 우리의 옛 선비들이 얼마나 크게 소리 내서 글을 자주 읽었는지 알 수 있습니다. 크게 소리 내서 음을 따라 읽으면 기억이 잘 나겠지요? 노래를 외우는 것처럼 말이에요. 이처럼 소리 내어 읽는 공부법은 조상들의 아주 기본적인 공부법이었습니다.

수준에 맞는 책 고르기

대화와 토론으로 공부를 하는 것은 스스로 더 이상 궁금한 점이 생기지 않을 때까지 제대로 알기 위해서입니다. 더 나아가서 대화와 토론의 과정에서 스스로 깨닫고 터득하기 위해서이기도 합니다.

스스로 깨닫고 터득하는 것을 동양에서는 '자득(自得)'한다고 표현합니다. '자득'하지 않으면 공부는 아무 소용이 없는 것입니다. 앵무새가 사람의 말을 따라하는 것처럼 말이죠. 조선 시대 유학자 서경덕*은 책이나 스승 없이 직접 관찰하고 궁리해서 그 이치를 터득하는 방법을 주된 공부법으

> ★ 서경덕(1489~1546) 조선 중기 학자로 호는 화담(花潭)이다. 독학으로 사서 육경을 익혔다. 정치에 관심을 끊고 평생 학문 연구에 힘썼다. 박연폭포, 황진이와 함께 송도삼절의 하나로 꼽힌다.

로 삼았습니다.

스스로 공부할 때에는 공부의 단계가 특히 중요합니다. 우선 자기 수준에 맞는 단계에서 공부를 시작하고 다른 사람의 진도와는 상관없이 자신이 공부한 내용을 다 소화했을 때 다음 공부로 넘어가야 합니다.

조선 시대 학자 김종직(1431~1492) 또한 어릴 때 아버지에게 이러한 공부법에 맞춰서 특별한 수업을 받았습니다. 김종직이 처음부터 공부를 열심히 했던 것은 아니었어요. 공부하던 도중에도 틈만 나면 나가 놀다 해질녘에 돌아와서 아버지께 꾸중을 듣기 일쑤였습니다. 책이 싫어서 수풀 속에 책을 던져둔 적도 있고요. 하지만 이내 부끄럽다는 생각이 들었고, 책을 다 읽으면 꾸중도 듣지 않을 것이라는 생각에 《천자문》과 《소학》을 읽기 시작했습니다. 이 책을 다 읽고 나자 아버지께 꾸중을 듣지 않아도 되었고 공부도 재미있게 느껴졌지요. 전에는 뜻을 알 수 없거나 이해할 수 없었던 내용을 하나하나 알게 되면서 기쁨을 느끼게 된 것입니다.

그가 공부의 기쁨을 알게 된 것은 그의 아버지의 탁월한 책 선택 덕분이었습니다. 김종직의 아버지인 김숙자는 아들이 지나치게 의미심장한 책들을 먼저 읽어 혼란스럽지 않도록 기초에 해당하는 책들부터 차근차근 공부해 나가게 했습니다. 김종직은 《소학》을 읽기 전에 더 어린 학생들이 읽는 《동몽선습》을 읽었고 《소학》을 읽고 나서는 《논어》나 《맹자》를 비롯한 사서˚를 읽고 《시경》, 《춘추》와 같은 오경˚을 그다음 순서로 읽었지요. 쉽고 기초적인 책을 보고 나서 세상의 이치나 역사를 논한 책을 읽는 식으로 수준을 조금씩 높여 간 것입니다. 단계별로 책을 다 읽은 후에야 김숙자는 아들에게 아무 책이나 봐도 된다고 했습니다. 이렇게 공부한 김종직은 날마다 조금씩 깨우쳐 가는 재미를 느끼면서 오랫동안 공부해 나갈 수 있었고 후세에 추앙받는 학자가 되었습니다.

▲ **사서오경** 유학을 공부할 때 필요한 기본적인 책을 총칭한다. 사서는 《논어》, 《맹자》, 《대학》, 《중용》을 말하고, 오경은 《시경》, 《서경》, 《역경》, 《예기》, 《춘추》이다.

반복해서 내용을 곱씹는 공부법

또 다른 중요한 공부법 중 하나는 공부한 내용을 반복해서 생각하는 것입니다. 먹은 음식을 되새김질하는 소처럼 공부한 내용을 곱씹어서 새로운 맛을 찾아내는 것이지요.

대나무로 만든 책

 공자를 예로 들어볼까요? 공자는 젊은 시절에 창고 관리나 가축 돌보는 일 등 여러 가지 일을 했습니다. 그러는 와중에 공부도 열심히 했지요. 공자는 자신이 하는 일과 공부를 분리해서 생각하지 않았습니다. 공자에게 독서는 여러 공부 방법 중 하나에 불과했습니다.

 공자가 살던 시대에 책은 지금 우리가 보는 것처럼 종이로 만든 것이 아니었습니다. 당시에는 종이가 없었지요. 대신 나무에 글을 써서 책을 만들었습니다. 이때 자주 쓰이는 나무가 바로 대나무였는데, 대나무 조각에 글씨를 써서 순서대로 끈으로 묶으면 한 권의 책이 되었지요. 그 책을 돌돌 말아서 책꽂이에 보관했답니다. 지금도 책을 셀 때 몇 '권(卷)'이라는 표현을 쓰는데 이 글자에는 돌돌 '말다'라는 뜻이 있어요. 책을 튼튼하게 만들려면 대나무 조각을 엮을 때 좋은 끈을 사용해야 했어요. 당시에 가장 좋은 끈 재료는 바로 가죽이었습니다.

공자는 나이 들어서 《주역》이라는 책을 즐겨 읽었어요. 나이 오십에 하늘이 몇 년을 더 살도록 허락한다면 《주역》을 읽으면서 지내겠다고 할 정도로 그는 《주역》을 중요하게 여겼습니다. 《주역》에는 우주 변화의 원리와 삶에 대한 성인의 지혜가 고스란히 녹아 있다고 생각했습니다. 공자는 이 책을 여러 번 읽었기 때문에 책을 엮은 가죽 끈이 세 번씩이나 끊어지곤 했답니다. 얼마나 많이 읽었으면 가죽 끈이 세 번이나 끊어졌을까요? 그리고 책을 이렇게 많이 읽

은 이유는 무엇일까요? 몇 번만 읽으면 어떤 내용이 있는지 다 기억할 수 있을 텐데 말이죠.

공부를 내 것으로 만들기 위해 필요한 것

공자는 이치를 곰곰이 따지며 읽고 또 읽으면서 그 내용을 완전히 자기 것으로 만들려고 했던 것입니다. 밥을 먹는 데 비유한다면 잘 씹지 않고 그냥 꿀꺽 삼켜 버리는 것이 아니라 오랫동안 곱씹으면서 단맛을 느끼는 것이라고 할 수 있어요.

책 속의 내용을 자기의 경험에 비추어 보면서 이런저런 생각을 정리해 보았겠지요. 때론 단편적인 생각들이 구슬 꿰듯이 하나로 연결되어 환하게 한 가지 이치를 알게 되는 경우도 있었을 것입니다. 이런 것을 독서를 통한 자득이라고 할 수 있어요.

공자보다 1500년 뒤에 태어나서 공자의 유학을 발전시켜 새로운 유학의 체계를 완성한 주희*는 정밀한 독서를 통한 자득을 아주 중요하게 여겼습니다.

★ 주희(1130~1200) 중국 남송의 유학자로 주자(朱子)라는 존칭으로도 불린다. 맹자, 공자 등의 학문에 전념했으며 주자학을 창시하고 완성했다.

당시에는 자기 마음을 직접 보고 성찰하는 불교 공부법이 유행해서 하루 종일 앉아서 눈을 감고 마음을 보는 사람들이 많았습니다. 주희는 이런 공부법이 단번에 너무 높은 수준에 이르려고 하는 허황된 공부법이라고 비판했습니다. 가까운 일상생활이나 책을 보는 것에서부터 공부를 시작해야 한다고 주장했지요.

주희가 살았던 시절의 유학자들은 맹자가 말했던 대로 '사람은 누구나 선한 본성을 가지고 태어난다'는 확신이 있었습니다. 사람이면 누구나 완전하고 착한 본성을 타고난다는 것이지요. 그리고 공부란 이런 착한 '본성에서 나온 싹'을 잘 키워서 인자하고 예의 바르며 옳고 그름을 잘 아는 지혜를 실행하는 것이었지요.

본성에서 나온 싹이란 사람들이 평소에는 잘 알아채지 못하지만 위급한 상황이나 결정적인 순간에 툭 튀어나오는 좋은 마음을 말해요. 가령 높은 곳에서 떨어지려는 아이를 보면 얼른 잡아 주려고 한다든가, 버스나 지하철에서 노인을 보면 얼른 일어나 자리를 양보하는 것, 남모르게 쓰레기를 길거리에 버렸는데 왠지 마음에 걸리고 부끄러워지는 것 등이 그것이지요.

그런데 사람들은 모두 다 달라서 착한 마음을 잘 키우는 자가 있는가 하면, 욕심 때문에 착한 마음이 꼭꼭 숨어 잘 나타나지 않는 자도 있습니다. 하지만 다행인 점은 누구나 착한 마음을 가지고 태어났고, 그 마음을 키우려고 하는 것도 타고났다는 점이에요.

맹자를 비롯한 유학자들은 이런 마음을 양지(良知)라고 불렀습니다. 양지는 배우지 않고도 스스로 반성하는 능력을 말해요. 오늘날의 말로 표현하면 양심이라고 할 수 있지요.

주희 역시 인간은 태어날 때부터 착한 본성을 가지고 있고, 또한 양지를 가지고 있기 때문에 노력에 의해서 얼마든지 선해질 수 있다고 생각했습니다. 하지만 반성할 줄 아는 양지만으로 공부하는 것은 너무 어렵다고 생각했습니다. 구체적인 상황에서 내가 어떻게 해야 하는가는 양심으로 해결할 수 있는 문제가 아니고 또 어떤 문제는 시간을 두고 곰곰이 따져 보거나 나보다 나은 사람에게 물어야 하기 때문이지요.

쉽게 예를 들어 설명해 볼게요. 친구와 다투지 않고 서로 잘 배려해야 한다는 원칙이 있다고 가정해 봅시다. 이것은 어떤 사람에게는 양심에서 우러나오는 자연스러운 내용일 수 있지만 어떤 사람에게는 그저 형식적인 얘기로 들릴 수도 있습니다. 양심에서 이런 마음이 저절로 우러나오는 사람은 친구를 대할 때마다 어떻게 행동해야 할지 잘 떠오르겠죠. 하지만 그렇지 않은 사람은 서로 배려해야 한다는 원칙을 알고 있음에도 실제로 친구를 대하는 태도는 그렇지 않을 수 있습니다.

부모님께 효도하는 것도 마찬가지입니다. 말로는 효도해야 한다는 소리를 들었지만 왜 그래야 하는지, 효도를 한다는 것은 어떤 의미이며 구체적으로는 어떻게 행동해야 하는지 알 수 없는 경우가 많을 거예요.

주희는 대부분의 사람이 그렇다고 생각했습니다. 양심을 키우는 것에서부터 공부를 시작하는 일은 어렵다고 생각한 것입니다. 그래서 주희는 견식(見識)과 진지(眞知)로 아는 것의 종류를 나누었습니다. 견식은 사람마다 지닌 각기 다른 수준의 생각을 일컫습니다. 진지는 진정한 지식을 말하는데, 단지 들어서 아는 것이 아니라 스스로 터득해서 자기 것으로 만든 지식을 말해요.

주희는 사람마다 견식이 다르기 때문에 상황에 따라 어떻게 생각하고 행동해야 할지 모르는 게 당연하다고 생각했습니다. 따라서 옛 성인들이 쓴 책을 보고 학우들과 이야기를 나누면서 견식을 높이고 자기 것으로 소화해서 결국 진정한 앎을 얻도록 공부해야 한다고 했습니다.

어떤 사물에는 그 사물이 존재하는 원리나 이치가 있기 마련입니다. 주희는 이를 잘 관찰하고 알려고 노력해서 좀 더 보편적인 이치를 터득하도록 노력해야 한다고 했습니다. 책 속에서 찾은 것이든 눈으로 본 것이든 모든 이치는 하나로 통하기 때문에 사물의 이치를 하나하나 깨치면 전체의 원리를 알 수 있다는 것이지요. 이런 방법은 귀납적 방법★을 통해서 이치를 터득하는 것과 유사합니다.

> ★ **귀납적 방법** 개별 사례에 관한 관찰을 통해 그것의 공통된 성질을 일반명제로 확립하는 추리, 즉 특수한 사실에서 일반적 주장을 끌어내는 추리법을 말한다.

예를 들면 한 포기의 풀이나 개구리, 강아지 등의 생장(생물이 나서 자라는 과정)을 관찰하다 보면 저절로 자연의 이치를 깨닫게 되는 것이죠. 모든 생물은 태어나면 죽게 마련이지만 그 죽음은 다시 새로운 생명을 탄생시킨다는 보다 보편적인 원칙을 터득하게 되는 것입니다.

그래서 주희는 옛 성현이 쓴 다양한 분야의 책을 많이 읽고 그 책에 대한 해설서 역시 아주 많이 냈습니다. 이 해설서만으로도 그가 당시 학문에서 다루던 거의 모든 분야를 섭렵하고 있었다는 걸 알 수 있습니다.

아는 것과 행동하는 게 일치하나요?

주희가 쓴 해설서는 학문 전반에 대한 체계를 잡아 주는 훌륭한 안내서였습니다. 그런데 당시 나라의 관료들은 이 안내서를 그냥 학문서적으로 남겨두지 않고 수험서로 사용했습니다. 나라의 관료들을 뽑는 제도인 과거 시험의 문제가 모두 주희가 쓴 해설서를 기반으로 만들어졌어요. 과거 시험의 답안도 물론 주희가 쓴 해설서의 내용이 기준이 되었지요.

하지만 사람들은 원래 주희가 의도했던 것과는 다르게 시험을 잘 보기 위해서 글귀만 외우는 방식으로 공부를 하기 시작했습니다. 성인이 말한 선한 행동은 입으로 외우고 흉내만 내고 나쁜 행동을 일삼으면서 진짜 선비인 척하는 사람들이 많아졌습니다. 그러니까 아는 것과 생각하고 행동하는 것이 달라진 것이지요.

공부 문제에 있어서 이 부분을 잘 지적한 사람은 바로 왕수인(왕양명)입니다. 왕수인은 주희보다 300년 뒤에 태어난 사람이에요. 그는 글 짓는 재주도 뛰어나고 공부도 잘해서 28세에 과거 시험에 합격했습니다. 게다가 공부에 대한 포부도 컸지요. 한번은 어떤 친구가 과거 시험에 떨어졌는데 왕수인에게 과거 시험에 떨어진 것이 너무 부끄럽다고 했습니다. 그러자 왕수인은 그 친구에게 "나는 과거 시험에 떨어진 것을 부끄러워하는 그 마음을 부끄러워하네"라고 말했답니다.

왕수인은 일찍부터 스스로 '성인이 되기 위해 공부한다'라는 목표를 세웠습니다. 그래서 주희가 말한 방식으로 독서를 하면서 열심히 공부했습니다. 사물이 갖고 있는 이치를 알기 위해서 집 마당 뜰에 있는 대나무를 관찰해 보기

도 했습니다. 대나무 모양은 어떻게 생겼는지, 아침저녁으로 어떤 변화를 일으키고 바람에 따라서는 또 어떻게 달라지는지 등 여러 가지 생각을 했습니다. 그런데 왕수인은 이렇게 대나무를 관찰하다가 그만 병이 나고 말았습니다. 훗날 그는 제자들에게 주희의 공부법에 문제점이 있다는 점을 얘기할 때 이 일화를 들려주곤 했습니다.

왕수인이 살던 시대에는 임금 곁에서 여러 가지 사무를 담당했던 환관의 권력이 엄청났습니다. 환관이 임금의 곁에서 다른 관료들의 옳은 소리를 막고 임금의 마음을 흐려 놓으며 권력을 독차지한 것이지요. 임금에게 올리는 상소도 제대로 전달되지 않는 경우가 많았습니다. 어느 날 여러 선비가 임금에게 환관의 비리를 고하고 환관을 멀리하라는 상소를 올렸습니다. 하지만 그것을 미리 본 환관이 이 선비들을 관직에서 내쫓고 귀양을 보내 버렸죠. 많은 선비들은 분통했지만, 날아가는 새도 떨어뜨린다는 환관이 두려웠습니다. 왕수인은 이 일의 문제점을 제기하며 환관의 우두머리인 유근이라는 사람의 나쁜 행동을 고발하는 상소를 다시 올렸습니다. 하지만 왕수인은 곤장 30대를 맞고 용장이라는 외딴 곳으로 귀양을 가게 됩니다. 유근은 왕수인의 귀양길과 귀양지에 자객을 보내 끊임없이 그를 죽이려고 했습니다.

왕수인이 귀양을 간 용장이라는 곳은 외지고 미개한 곳으로 벌레와 전염병이 우글거리는 곳이었습니다. 하지만 왕수인은 유근의 끊임없는 살해 위협으로 불안하고 몸이 아프고 어려운 상황에도 오히려 자기를 따라온 하인들을 돌봐주었다고 합니다. 병든 하인들에게 죽을 해 먹이고 재미있는 이야기를 해서 기운을 북돋아 주었다고 합니다.

용장에서 이런 생활을 꾸려 가던 중에 왕수인은 공부에 대한 큰 깨달음을 얻게 됩니다. 그것은 바로 성인의 마음이 내 마음과 같다는 것입니다.

왕수인은 책도 없고 스승도 없는 상황에서 어떤 마음을 가지고 어떻게 살아야 하는가, 성인이라면 어떻게 했을까를 고민했습니다. 그리고 남을 배려하기 위해서 배려와 관련된 책을 보거나 성인의 말을 기다리지 않아도 저절로 마음속에서 우러나오는 양심을 직접 보게 된 것입니다.

왕수인은 아는 것과 행동하는 것이 다르다면 제대로 아는 것이 아니라고 했습니다. 그런 의미에서 "앎은 행위의 시작이고, 행위는 앎의 완성이다"라고 했습니다. 왕수인은 책을 보고 따지기보다는 우선 내 마음에서 우러나오는 양심을 키워나가는 것이 올바른 공부법이라고 생각했습니다. 우선 자기를 성찰하는 반성능력을 키워야 한다는 것이지요.

양심은 두 가지 방향에서 볼 수 있습니다. 하나는 좋은 행동을 하기로 마음을 먹었을 때예요. 예를 들면 엄마 아빠를 사랑해서 잘 해드려야겠다고 생각한 경우엔 부모님을 위해 내가 할 수 있는 일을 스스로 생각해 보고 어떤 일이 가장 좋을까 궁리하고 실천하게 되지요. 그러니 마음을 먹기 전에 부모님께 잘하는 법을 알아둘 필요가 없지요. 사랑하는 마음이 생기고 그것이 진실하다면 이를 행동에 옮기기는 쉬우니까요. 만약에 부모님께 잘하는 방법을 알아두어야겠다는 마음이 생겼다면 벌써 그것은 부모님을 사랑하는 마음이 있는 것입니다. 그런 마음을 먹었다면 이미 반은 행동으로 옮겼다고 봐도 됩니다.

다른 하나는 내가 좋지 않은 마음을 먹거나 행동할 때입니다. 가령 시험을 볼 때 다른 친구의 답안을 봤다면, 그 순간 마음이 불편할 수 있습니다. 왠지 선생님 눈을 피하게 되고 누군가 친구의 답안지를 보는 나를 보진 않았을까 걱정하는 마음이 생길 수도 있죠. 만약 누군가 "너 아까 뭐 했어?"라고 물으면 "아무것도 아니야"라고 숨길 수도 있겠죠. 그럼 왜 그 사실을 숨기려 할까요? 아마도 떳떳하지 못해서겠죠? 이렇게 어떤 마음을 먹거나 행동할 때, 조금이라도 불편한 마음이 생기면 그것은 이미 내 마음속에서 잘못된 것이라는 판단이 일어난 것이고 이것이 바로 양심(양지)이라는 것이 왕수인의 생각입니다.

그 양심에 따라서 자기 마음을 조금씩 바꿔 나가면 마음을 바로잡을 수 있는 힘이 커지고, 인자하고 예의 바르고 옳고 그름을 잘 따지며, 이치를 잘 파악하는 능력도 저절로 길러진다는 것이지요.

왕수인이 주희의 공부법을 완전히 무의미하다고 생각한 것은 아닙니다. 다만 주희의 공부법이 결국 더 완전한 사람이 되기 위한 방편이라면 그보다 먼저 떳떳하고 진실된 마음을 갖는 공부부터 하는 게 중요하다는 것이 왕수인이 주장한 올바른 공부법입니다. 현실적인 성공이라는 목적만을 위해 공부하는 것은 아닌지 먼저 살펴봐야 앎과 행위가 일치하는 진정한 공부가 된다는 것입니다.

왕과 세자의 공부
- 경연과 서연

조선 시대 왕은 항상 공부를 했습니다. 정치를 잘해야 하는 왕이 훌륭한 덕을 지니기 위한 공부를 많이 하는 것은 아주 당연했습니다. 왕은 아침에 일어나면 가장 먼저 어른들께 문안 인사를 드리고 나랏일을 시작했습니다. 그러고 나서 신료들을 만나 간단한 조회를 하고 나서 '경연'을 시작했지요. 경연은 원로 학자가 국왕에게 경학 및 역사를 강론하고 함께 토론을 벌이는 것을 말합니다. 조선 시대의 공식적인 경연은 하루 세 번 있었고 '소대'라고 하는 특강이나 보강 형식도 있었습니다. 나랏일을 보는 사이사이에도 계속 공부를 했던 것이지요. 물론 모든 왕이 경연에 맞춰 공부했다고 할 수는 없습니다. 공부에 열의가 있던 왕들도 일이 바빠 경연을 꼬박 챙기지 못하는 경우가 있었고, 공부가 싫어서 경연을 자주 빼먹는 왕들도 있었습니다. 하지만 경연은 무척 중요했기 때문에 공식화된 제도였고 정치를 잘한 왕일수록 경연도 잘 지켰습니다.

그렇다면 미래에 왕이 될 왕세자의 경우는 어땠을까요? 왕세자의 수업은 '서연'이라고 하는데 왕의 경연과 비슷한 형태로 이루어졌습니다. 세종 대왕이 통치하던 시대에는 원칙적으로 '서연'을 하루 네 번씩 했습니다. 서연은 대개 집현전 학자가 담당했는데 집현전이 없어진 이후에는 '세자시

'강원'이 생겨 전문적으로 세자의 교육을 담당했지요.

　서연은 항상 세자가 전에 배운 것을 암송하고 그것을 풀이하는 것으로 시작됩니다. 수업은 선생이 새로 가르치는 글을 읽으면 세자가 이를 따라 읽고, 강관이 읽은 내용의 의미를 풀이하면 세자도 한 차례 풀이하는 형식으로 진행되었죠. 그리고 다시 세자가 원문을 읽고 뜻을 풀이하지요.

당시 성균관 유생들은 20일간 경서를 공부하다가 4일간은 그 내용을 외워서 시험을 보고 6일간은 글쓰기를 했는데, 세자도 이와 마찬가지로 시험을 봤습니다. 그것을 고강(考講)이라고 하지요. 고강은 간단한 경서 구절이 적힌 얇은 대나무 막대를 이용합니다. 세자의 선생이나 고시관이 막대 중 하나를 뽑아 경전 구절을 읽으면 세자는 그 나머지 부분을 암송하고 의미를 풀이하는 것이지요. 이외에도 매달 초하루(1일)와 보름(15일)에는 세자가 시강원 관리들과 선생 앞에서 직접 경서를 강론해 보는 자리를 마련해서 그동안의 학습을 점검합니다. 자기 생각을 글로 적어서 점검하는 것보다는 여러 사람 앞에서 직접 설명하는 것이 더 어렵습니다. 그만큼 더 준비가 되어 있어야 하지요.

세자의 공부는 나랏일을 담당하는 왕이 되기 이전의 준비 과정이었기 때문에 직접 강론하는 점검법이 매우 중요한 역할을 담당했습니다.

3장

옛날 사람들은 새로운 지식을 어떻게 발견했을까요?

관찰은 어떻게 해야 할까요?

은정이의 일기

2013년 ○월 ××일 날씨: 흐림

오늘 선생님께서 내주신 숙제는 집에서 간단한 관찰과 실험을 하고 그것을 통해 알게 된 새로운 사실을 정리해 오라는 것이다. 이런 숙제는 처음이다. 도대체 어떻게 해야 하지? 친구들도 모두 어떤 실험을 해야 할지 막막해 하는 눈치다. 그동안 새로운 사실을 알아낸다는 것은, 책 속에는 있지만 나는 미처 몰랐던 것을 찾아내는 정도로 생각했다. 그런데 처음부터 내가 다 해야 한다고 생각하니 막막하다.

관찰과 실험을 해 본다는 건 그런대로 좀 흥미 있는 일인 것 같다. 그런데 어디서부터 시작해야 할까? 무엇에 관한 실험을 할지 고민이다. 왜 실험을 해야 하는지도 모르는데…….

2013년 O월 ××일 날씨: 비

아침부터 비가 많이 와서 학교에 가는 동안 옷이 온통 젖고 말았다. 춥기도 하고 너무 짜증이 났다. 옷은 왜 이리 잘 젖는지. 비옷이라도 장만해야 하나? 아침 내내 이런 생각만 했다.

그런데 갑자기 좋은 아이디어가 번쩍 떠올랐다. 왜 비옷은 잘 안 젖지? 그러고 보니 전에 비가 올 때면 같은 우산을 쓰고 있어도 옷이 많이 젖을 때와 그렇지 않을 때가 있었다. 왜 어떤 옷은 많이 젖고 어떤 옷은 덜 젖을까? '맞아. 이걸로 숙제를 하면 되겠네!' 이런 생각을 하니 갑자기 기분이 좋아졌다.

드디어 은정이가 숙제 주제를 찾았네요. 그럼 다음엔 뭘 해야 할까요? 옷이 젖는 정도가 다른 이유는 아마 옷감 때문일 거예요. 실험 재료는 헌옷의 자투리 천을 이용할 수 있겠네요. 실험 주제는 '옷감의 젖는 정도 알아보기'이고요. 그런데 제일 중요한 실험은 어떻게 해야 할까요? 옷감의 종류를 구분하고 물에 적셔야 하는 건 알겠지만 어떤 옷감을 얼마나 물에 적셔야 할까요? 또 실험 결과를 어떻게 정리해야 그럴싸한 결론을 내릴 수 있을까요?

책을 읽고 공부를 할 때는 내용을 잘 기억하거나 이해하기만 하면 되었는데 관찰이나 실험을 통해 직접 새로운 사실을 알아내려고 하니 어려운 점이 한두 가지가 아닙니다.

철학자들의 지식 발견법

새로운 것을 알아내기 위한 가장 쉬운 방법은 책을 찾아보는 것입니다. 하지만 책에 나와 있는 것은 완전히 새로운 것은 아니지요. 완전히 새로운 것을 알아내려면 어떻게 해야 할까요? 책에 나온 내용, 특히 과학적인 사실은 처음 그것을 발견한 사람에겐 완전히 새로운 지식이었을 거예요. 그렇다면 그들은 어떤 방법으로 그러한 것을 알아냈을까요?

이런 질문을 받으면 많은 사람이 관찰을 떠올립니다. 그것을 어떻게 정리하는가는 나중에 생각해 보더라도 법칙을 발견하기 위해서는 관찰을 해야 한다는 것이 우리에겐 아주 익숙한 생각입니다. 하지만 고대 그리스에서는 꼭 그렇지만은 않았습니다.

그리스의 철학자 플라톤은 세계에 대해서 정확한 지식을 얻으려면 사람의 감각이나 관찰에 의존해서는 안 된다고 했습니다. 사람은 완전한 존재가 아니기 때문이죠. 따라서 사람의 경험으로 알게 된 세계는 본질에 해당하는 진정한 세계가 아니라고 생각한 것입니다.

플라톤은 세계를 제대로 알려면 수를 다루는 공부가 중요하다고 여겼습니다. 수를 세계의 본질인 이데아*가 잘 드러난 완벽한 것이라 생각했거든요. 그래서 수학이나 수를 가지고 세계의 구조를 설명하는 천문학을 중요하게 여겼지요. 자연을 관찰하고 그것을 바탕으로 어떤 지식을 얻는다는 것은 별 의미가 없다고 생각했습니다.

> ★ **이데아** 플라톤 철학의 중심 개념으로 모든 존재의 근거가 되는 영원하고 초월적인 실재를 뜻한다.

관찰과 경험을 중요하게 여긴 것은 플라톤의 제자 아리스토텔레스부터입니다. 이 때문에 현대 학자들은 아리스토텔레스로부터 과학이 시작되었다고 합니다.

아리스토텔레스는 13세부터 20여 년간 플라톤이 세운 학교에서 교육을 받았어요. 하지만 그는 플라톤의 철학에 대해 종종 의문점이 들었습니다. 스승인 플라톤이 죽고 그 제자들이 여전히 수학 연구에만 치우치는 모습을 보자 결국 그는 학교를 떠납니다. 그러고 나서는 플라톤과 그 제자들이 매우 경시했던 자연 연구에 몰두하지요. 지금으로 말하면 생물학, 물리학 등의 연구라고 할 수 있어요.

그는 스승인 플라톤이 말한 세계의 본질도 관찰과 경험을 통해 알아낼 수 있다고 여겼지요. 그리고 실제로 물체와 천체의 운동, 생물의 분류 등에 관한 다양한 연구를 하였고 이를 자연학(Physica)이라고 불렀어요. 아리스토텔레스는 더 나아가서 무엇을 연구하느냐에 따라 새로운 지식을 얻어내는 방법이 다르다고 생각했어요.

물론 아리스토텔레스가 전적으로 관찰과 경험에만 의존해서 이론을 만들어 낸 것은 아니에요. 그의 연구는 모두 이 세계의 구조와 운동이 자연적인 목적에 부합하는 방식으로 이루어진다는 직관에 바탕을 둔 것이었습니다. 이러

한 직관은 관찰과 경험으로 알게 되는 것이 아닙니다. 태양과 달, 행성 등 모든 천체가 지구를 중심으로 완벽한 원 운동을 하고 있다는 아리스토텔레스의 우주론도 관찰뿐만 아니라 직관에 근거를 둔 것이었습니다.

직관에서 벗어나 순수한 관찰과 경험으로 지식을 축적하는 것이야말로 과학이라고 말한 사람은 프랜시스 베이컨(1561~1626)입니다. 그는 인간이 지식을 추구하는 것은 단지 인간의 처지를 더 좋게 바꾸기 위해서라고 주장했습니다. 인간 자신의 이익을 위해서 자연을 알고 조정해야 한다는 것이지요.

그는 직관으로 말하는 것이나 어떤 선입견에 의존하는 것은 마치 우상을 숭배하는 것*과 같다고 했습니다. 아무 전제 없이 오직 순수한 관찰과 경험을 통해서만 새로운 앎을 얻을 수 있고 그런 지식을 축적해 나가야 한다고 보았지요. 하지만 베이컨 역시 아리스토텔레스가 사용한 관찰 경험을 종합적으로 정리하고 새로운 지식을 도출해 내는 방법 자체는 받아들였습니다. 아리스토텔레스의 과학이 중요한 것은 그전에는 주목받지 못했던 관찰과 경험이라는 방법을 통해서 새로운 앎을 얻으려 했고 또 새로운 앎을 설득력 있게 정리하는 논리적인 과정 등을 깊게 생각했기 때문입니다.

★ **베이컨의 우상** 베이컨은 사람들이 관찰이나 실험을 통해 새로운 것을 알기 이전에 갖는 우상을 버려야 한다고 했다. 여기서 우상이란 정확한 판단을 방해하는 일종의 편견인데, 베이컨은 이 우상을 네 가지로 구분했다.
❶ 사물을 있는 그대로 보지 않고 인간의 입장에서 보려고 하는 종족의 우상.
❷ 개인의 성향이나 교육, 경험 등에서 비롯되는 선입견인 동굴의 우상.
❸ 실재하지 않는 관념적이고 허구적인 개념과 언어들의 사용에서 비롯되는 선입견인 시장의 우상.
❹ 실험이나 관찰이 아닌 경험과 직관 등을 통해 자의적으로 성립된 철학 체계를 믿는 데서 비롯되는 극장의 우상.

새로운 지식을 알아낼 때 맨 처음 뭘 해야 할까요?

그러면 아리스토텔레스는 새로운 앎을 얻기 위한 방법을 어떻게 정리했을까요? 무조건 관찰하고 경험한다고 해서 그것이 다 누구나 인정할 만한 새로운 앎이 되는 건 아닙니다. 혼자만 알고 인정한다면 그건 유용한 앎이 아니니까요. 다시 말해 '지식이 될 수 없다'고 할 수 있어요. 가령 우리 집 강아지가 눈을 깜빡인다고 해서 모든 강아지가 눈을 깜빡인다고 말할 수 없는 것처럼 말이죠. 강아지의 특성에 대해서 말할 수 있으려면 한 마리의 강아지만을 관찰해서는 안 되겠지요? 되도록 많은 강아지를 관찰하고 그곳에서 공통점을 찾아야 할 것입니다. 그 공통점은 강아지의 특성이라고 설명할 수 있겠지요.

예를 들어 내가 키우는 강아지는 꼬리를 다리 사이로 감추는 것으로 두려움을 표시한다고 해 봅시다. 그런데 옆집 강아지도 두려울 때 꼬리를 다리 사이로 감추는 것을 보았습니다. 그리고 시골 할아버지 댁에 있는 강아지도 마찬가지였다면, 이런 사례들을 계속 수집하는 것입니다. '꼬리를 다리 사이로 감추는 것으로 두려움을 표현'하는 여러 강아지의 반복되는 공통된 행동을 보며 우리는 다음과 같은 결론을 내릴 수 있게 됩니다. '모든 강아지는 꼬리를 다리 사이로 감춤으로써 두려움을 표현한다.' 이것을 간단하게 정리해 볼까요?

(ㄱ) 내 강아지는 두려울 때 꼬리를 다리 사이로 감춘다. … ①

(ㄴ) 옆집 강아지는 두려울 때 꼬리를 다리 사이로 감춘다. … ②

(ㄷ) 할아버지 댁 강아지는 두려울 때 꼬리를 다리 사이로 감춘다. … ③

(ㄹ) XXX 네 강아지는 두려울 때 꼬리를 다리 사이로 감춘다. … ④

(ㅁ) OOO 네 강아지는 두려울 때 꼬리를 다리 사이로 감춘다. … ⑤

⋮

⇒ 그러므로 모든 강아지는 두려울 때 꼬리를 다리 사이로 감춘다. … ⑥

여기서 내 강아지 혹은 옆집 강아지 등 특수한 강아지에 대해서 말하는 문장 ①~⑤번까지는 각각 특수한 어떤 강아지의 상황에 대한 설명이므로 특수명제라고 합니다. 그리고 여러 가지 경우를 종합해서 ⑥번처럼 모든 강아지, 즉 강아지의 특성에 대해서 말하는 문장은 일반명제라고 하지요. 이렇게 특수명제에서 일반명제를 이끌어 내는 방법을 귀납적인 방법이라고 합니다. 위 예문은 귀납적인 방법을 통해서 강아지에 대한 새로운 앎을 얻어내는 과정을 설명한 것입니다.

　아리스토텔레스는 이와 같이 관찰과 경험에서 얻어진 특수한 사실에서 공통점을 찾아내고 그것을 좀 더 일반적인 사실에 대한 새로운 앎으로 정리할 수 있다고 보았습니다. 이런 과정을 거치고 나면 우리가 새로운 다른 강아지를 만났을 때, 그 강아지가 꼬리를 다리 사이로 감추면 두려움을 표시하는 것이라는 걸 알 수 있습니다.

　가령 친구의 강아지 쭈쭈를 처음 보았다고 해도 이 명제를 알고 있다면 그 강아지가 꼬리를 다리 사이로 감추는

행동을 보고 두려워하고 있다는 것을 알 수 있을 것입니다. 이런 앎은 우선 '모든 강아지는 두려울 때 꼬리를 다리 사이로 감춘다'는 일반명제가 옳다는 전제하에서 약간의 추론을 더해 얻게 되는 앎이지요. 다시 말하면 다음과 같이 정리할 수 있습니다.

모든 강아지는 두려울 때 꼬리를 다리 사이로 감춘다. ⋯ ❻

쭈쭈는 강아지이다. ⋯ ❼

⇒ 그러므로 쭈쭈는 두려울 때 꼬리를 다리 사이로 감춘다. ⋯ ❽

이는 모든 강아지에 대한 일반명제인 ❻번과 쭈쭈가 강아지라는 사실(❼)로부터 추론해 낸 것입니다. 이렇게 관찰된 일반명제를 전제로 특수한 사실에 대한 앎을 얻는 방법을 연역적인 방법이라고 합니다. 이미 알고 있는 사실인 ❻과 ❼을 통해서 ❽이라는 새로운 앎을 얻는 과정에서는 새로운 다른 관찰 경험은 필요하지 않습니다. 이미 아는 것에서 추론을 통해 새로운 앎을 도출해 내는 것이지요.

어떤 동물 한 마리가 길을 지나가고 있습니다. 누구나 그 동물이 고양이인지 개인지 아마 쉽게 알 수 있을 것입니다.

왜냐하면 어릴 때부터 이미 '어떤' 동물을 '개'나 '고양이'라고 하는지 충분한 지식이 있기 때문입니다. 어릴 때 습득한 그 '어떤'에 해당하는 것이 바로 개의 공통된 속성이겠지요. 그런 앎이 대전제로 들어 있기 때문에 처음 보는 동물이어도 그것이 고양이인지 개인지 판단을 내릴 수 있는 것입니다.

아리스토텔레스는 우리가 자연에 대한 새로운 앎, 즉 자연과학적 지식이 바로 위에서 설명한 것과 같은 귀납적인 방법과 연역적인 방법을 통해 얻어진다고 했습니다. 특히 귀납적인 방법은 아무 전제 없이도 완전히 새로운 지식을 얻을 수 있기 때문에 오늘날의 과학에서도 여전히 주요하게 사용되는 방법입니다. 대부분의 과학 법칙은 모두 귀납적인 방법론에 기대고 있습니다.

눈으로 확인하는 지식은 언제나 옳을까요?

우리가 새로운 앎을 얻고 어떤 사실을 증명해 낼 때, 연역적인 방법은 대전제가 항상 참이면 거기서 나오는 결론도 참이 됩니다. 가령 앞에서 예로 든 '모든 강아지는 두려울 때 꼬리를 다리 사이로 감춘다'⑥는 일반명제가 대전제가 되어 쭈쭈도 두려울 때 꼬리를 다리 사이로 감춘다는 결론을 내린다고 할 때, 대전제가 참이면 결론도 참이 되는 것입니다.

그렇다면 귀납적인 방법은 어떨까요? 내 강아지, 옆집 강아지, 할아버지 댁 강아지 등 앞에서 제시한 전제들이 참이라고 해서 '모든 강아지는 두려울 때 꼬리를 다리 사이로 감춘다'는 결론이 반드시 참이라고 할 수 있을까요? '모든 강아지'라는 것은 단 한 마리의 강아지도 예외가 없어야 합니다. 그런데 우리가 관찰한 것은 기껏해야 열 마리 정도일 것입니다. 그러면 그 수를 늘려서 백 마리, 천 마리를 관찰한다고 해 봅시다. 그리고 그 모든 경우의 강아지가 두려울

땐 꼬리를 감췄다고 해도 여전히 관찰하지 못한 많은 강아지가 있습니다.

따라서 만일 강아지가 분명한데 두려울 때 꼬리를 다리 사이로 감추지 않는 강아지가 단 한 마리라도 있다면, '모든 강아지는 두려울 때 꼬리를 다리 사이로 감춘다'는 결론은 틀린 것이 됩니다.

귀납적인 방법에서는 아무리 관찰을 통해 수집한 전제들이 참이라 하더라도 그것이 곧 결론도 참이라는 것을 보장해 주지 못합니다. 모든 귀납 논증의 결론은 그 결론에 해당하지 않는 다른 사례가 등장하기 전까지만 참이라고 인정할 수 있습니다. 엄밀히 말하면 온전한 참이라기보다는 그저 가설이라고 할 수도 있어요. 그렇다면 모두 참이 아니라 대부분 참이다, 혹은 참일 확률이 높다는 식으로 말하는 것이 더 정확하겠지요.

내가 본 것이 항상 정확한 게 아니라고요?

귀납적인 방법이 언제나 다 옳다고 보기 어려운 이유는 언제든지 새롭게 등장할 수 있는 사례 때문만은 아닙니다. 다른 부분에서도 귀납적인 논증이 정확하지 않을 수 있는 위험이 도사리고 있지요. 그것은 바로 베이컨이 매우 명백하다고 생각한 '관찰'이라는 경험 자체에 있습니다.

관찰 경험은 시각과 청각, 후각, 미각 등 감각기관에 의존하는 것이지요. 평범한 인간이라면 누구나 동일한 신체 구조를 통해 사실을 지각하고 그에 대한 판단을 내려요. 그런데 이렇게 얻어진 관찰의 결과가 누구에게나 같을까요?

관찰에서 가장 중요한 부분을 차지하는 시각을 예로 들어 이야기해 봅시다. 우리는 망막에 맺힌 상이 시신경을 통해 뇌에 전달되는 과정을 통해 사물을 봅니다. 하지만 보는 내용을 판단하고 이해하는 것은 망막에 맺힌 상에 의해 결정되는 것이 아닙니다. 본다는 것이 전적으로 여기에 의존한다면 누구에게나 보이는 것은 같아야 할 거예요. 그러나 우리는 종종 같은 사물을 타인과 다르게 보는 경험을 합니다. 예를 들어 숨은 그림 찾기를 할 때도 같은 그림이지만 보는 사람에 따라 그림을 잘 파악하는 경우와 그렇지 않은 경우가 있지요. 그러면 다음 그림들을 한 번 볼까요?

〈그림1〉과 〈그림2〉를 잘 보고 두 그림이 무엇을 그린 것인지 설명해 보세요.

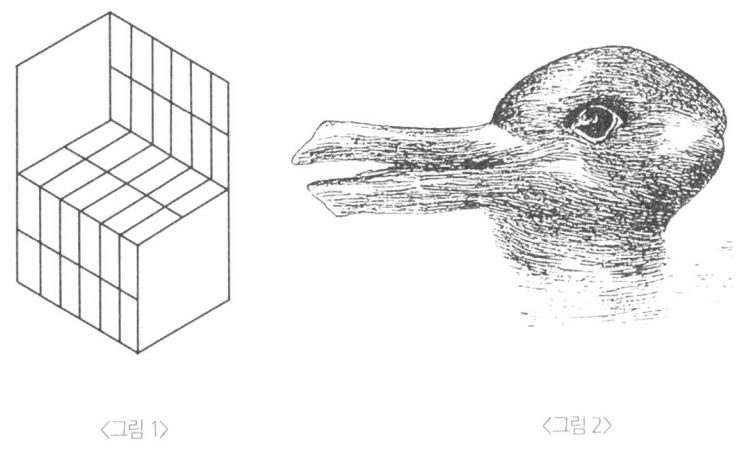

〈그림 1〉　　　　　　　　　〈그림 2〉

　〈그림1〉은 벽면에 상자가 붙어 있는 그림으로 보입니다. 그런데 상자가 어느 쪽에 붙어 있는 것으로 보이나요? 위쪽? 아니면 아래쪽? 이 그림은 사람마다 위치를 다르게 이야기할 수 있어요. 두 가지 의견을 다 듣고 그림을 더 자세히 보면 처음에 생각했던 것과는 다른 반대편의 그림이 보이게 되지요. 〈그림2〉도 마찬가지예요. 〈그림2〉가 무엇인지 말로 표현해 보세요. 어떤 사람은 토끼라고 하겠지만, 또 어떤 사람은 오리라고 할 수도 있어요. 사물을 보는 순간 우리는 자신과 좀 더 친근한 것으로 먼저 이해하기가 쉽습니다. 우리가 뭔가 본다고 하는 시각 경험은 보는 것 이외의 다른 경험에 의해 결정되는 경우가 많아요.

〈그림3〉

　〈그림3〉은 어떻게 보이나요? 이 그림은 긴 사선 위에 짧은 사선이 어긋나게 그려진 그림이에요. 그런데 긴 사선이 나란한 것이 아니라 약간 기울어진 듯이 보이지요. 대부분의 사람이 그렇게 생각할 거예요. 그런데 문제는 긴 사선이 사실 평행선이라는 데 있어요. 사선이 기울어진 것처럼 보이는 까닭은 짧은 사선들과 교차되는 과정에서 생기는 착시현상 때문입니다. 이것은 우리가 눈으로 보는 것이 반드시 정확하지 않다는 것을 보여 주는 대표적인 사례입니다. 이밖에도 착시를 일으키는 그림은 굉장히 많아요.

　갈릴레오 갈릴레이(1564~1642)가 망원경으로 천체를 관찰하면서 니콜라우스 코페르니쿠스(1473~1543)의 지동설*을 증명해 냈다는 것은 잘 알려진 사실이지요.

　그런데 당시 대부분의 학자들이 이를

> ★ **지동설** 태양과 별들이 지구를 중심으로 회전 운동을 하는 것이 아니라 반대로 태양의 주위를 지구가 돈다는 이론이다.

인정하지 못했던 이유 중에 하나가 뭔지 아세요? 그것은 지구가 중심이라는 고정관념 때문만이 아니라, 망원경으로 관찰한 내용에 대한 해독이 갈릴레오와 달랐기 때문이기도 합니다. 당시 망원경의 관찰 내용은 판독하기가 매우 어려웠다고 하네요.

병원에서 찍은 엑스레이 사진을 보면 어디가 어떤지 전혀 알 수 없지만 의사 선생님은 쉽게 읽어 냅니다. 의사가 되려는 학생들은 엑스레이를 보는 훈련을 여러 번 거친다고 해요. 사진을 보는 숙련도에 따라 본 것의 결과가 달라지니까요. 결론적으로 말하면 관찰 경험은 언제나 옳다고 볼 수 없어요. 그렇다면 순수한 관찰과 실험을 통해 정확한 과학 지식을 얻을 수 있다는 생각도 마찬가지겠지요?

지금까지 살펴본 대로라면 귀납적인 방법으로 세워진 모든 이론은 불완전하다고 할 수 있어요. 그렇다면 우리는 처음부터 완전할 수 없는 귀납적인 학문 방법을 다 포기해야 할까요? 관찰 경험이 일반적으로 생각하는 것만큼 정확하지 않고 귀납적인 결론은 예외가 없는 상황에서만 인정할 수 있다고 해서 귀납적인 방법을 포기한다면 어떤 방법으로 지식을 얻을 수 있을까요? 귀납적인 방법으로 정리하는 것보다 더 좋은 방법이 있을까요?

누가 봐도 타당한 지식을 얻으려면 어떻게 해야 할까요?

귀납적인 학문 방법은 우리가 과학이라고 부르는 모든 지식을 얻는 데 가장 중요한 방법입니다. 그것을 완전히 버린다면 우리가 새롭게 알 수 있는 사실은 없을지도 몰라요. 하지만 귀납적인 학문 방법의 결함을 보완하지 않고 계속 사용한다면 새롭게 알게 된 사실도 엉터리가 되어서 쓸모없어질 확률이 높겠지요.

이런 점에서 칼 포퍼(1902~1994)라는 철학자는 귀납적인 학문 방법의 필요성과 문제점을 모두 인정하고 귀납적 원리에 의해 알아낸 사실은 보편 법칙이 아니라 일종의 가설이라고 보았어요. 즉, 귀납적인 방법을 통해 알게 된 사실, 혹은 성립된 이론은 맞다 틀리다를 따지기보다는 어떤 이론이 더 나은 이론인가를 따지는 것이 타당하다고 했습니다.

그러면 계속해서 더 나은 이론을 만들기 위해서 우리는 어떤 노력을 기울여야 할까요? 포퍼는 귀납 논증을 주로 사용하는 과학에서 가장 유의해야 할 부분은 이미 성립된 과학적 가설을 지지하는 사례를 많이 찾아 확인하는 것이 아니라 오히려 예외적인 사례를 찾는 것이라고 보았습니다.

그래야 부족한 이론을 버리고 과학 지식의 정확성을 높일 수 있다는 것이지요.

가설에 대한 예외적인 사례를 찾아 그것이 잘못되었음을 증명하는 것을 '반증'이라고 합니다. 그리고 반증이 중요하다고 주장하는 것은 '반증주의'라고 말해요. 반증주의에서는 반증될 수 있는 가능성이 있고 또 반증이 많은 가설이 일단 좋은 가설이라고 합니다. 더 나아가 반증 가능성은 많지만 반증되는 사례가 잘 나오지 않으면 더 좋은 이론이라고 합니다.

반증 가능성이 있는 가설이란 어떤 것을 말할까요? 다음 문장들을 잘 살펴보세요.

❶ 철희는 목요일에 학교에 가지 않았다.
❷ 삼각형은 모두 세 개의 각이 있다.

❶**철희는 목요일에 학교에 가지 않았다**는 문장은 철희가 목요일에 학교에 간 사실을 확인하면 참인지 거짓인지 알 수 있습니다. 사실 확인을 통해 가지 않았다고 반박할 수 있는 것이지요. 따라서 문장 ❶은 반증 가능성이 있습니다.

그런데 ❷**삼각형은 모두 세 개의 각이 있다**에서 삼각형은 본래 세 개의 각을 갖는 도형을 말하기 때문에 세 개의 각이 없는 삼각형은 찾을 수가 없겠지요. 세 개의 각이 없으면 아예 삼각형이라고 하지 않습니다. 이 문장은 이렇게 반박할 수 있는 여지가 아예 없으므로 반증 가능성이 없는 문장이라고 해요. 우리에게 새로운 사실을 알려 주는 가설일 경우엔 반증 가능성이 있는 경우가 많습니다. ❷는 확인할 수는 있지만 새로운 사실을 알려 주는 것은 아닙니다. 삼각형의 정의를 그대로 반복한 것이지요.

그럼 반증할 수 있는 가능성이 높은 이론은 어떤 것일까요? 아주 많은 것에 대해 말할수록 반증할 수 있는 사례가 많겠지요?

가령 "모든 사람은 ○○한 특성을 가지고 있다"라는 가설과 "모든 한국인은 ○○한 특성을 가지고 있다"라는 가설이 있다고 해 봅시다. 여기서 '모든 사람'에 대해서 말하는 가설은 세계에 존재하는 모든 사람에 관한 가설이므로 그 모든 사람이 다 이 가설을 반증하는 사례가 될 수 있어요. 이에 비해서 '모든 한국인'에 대해 말한 가설은 오직 한국인만이 이 가설을 반증하는 사례가 될 수 있겠죠. 그러니 '모든 사람'에 대해 말하는 가설이 반증 가능성이 높고 더 일반적인 이론이 될 수 있습니다. 이 이론이 쉽게 반증되지 않는다면 당연히 좋은 이론일 테고, 반증이 가능해서 수정을 하면 갈수록 더 좋은 이론으로 발전하게 되겠죠.

반증주의에서는 반증을 통해 과학 지식의 정확도를 높이는 것이 귀납적인 학문을 가장 유익하게 만드는 길이고, 그것이 바로 과학자의 임무라고 여겼습니다.

하지만 실제 과학 실험과 관찰에서는 이렇게 단순한 명제만 있는 것이 아닙니다. 무척 복합적인 이론과 명제가 동원되며 그에 따른 관찰 실험의 조건도 매우 중요한 역할을 하죠. 때론 잘못된 실험과 관찰로 제대로 된 가설 자체를 버릴 때도 있어요. 먼저 성립된 가설에 문제가 있는 게 아니라 실험 조건에 문제가 있어서 가설과 다른 반박 사례가 나온 것인데 가설 자체의 문제라고 여겨서 가설을 수정하거나 버리는 거죠.

튀코 브라헤(1546~1601)는 위와 같은 이유로 코페르니쿠스의 지동설이 잘못되었다고 판단한 천문학자입니다. 그는 만일 지구가 태양 주위를 돈다면 지구가 방향을 이동함에 따라 지구에서 관찰되는 항성의 방위각이 달라져야 한다고 했습니다. 이때 방위각이란 태양과 항성을 잇는 직선과 지구와 항성을 잇는 직선이 만들어 내는 각도를 말합니다. 지구가 태양의 주변을 돌면 지구의 위치에 따라 이 각이 달라

지는데 이때 생기는 각도의 차이를 바로 연주시차라고 합니다. 그런데 그 당시 가장 정밀한 광학기구로 관찰을 해도 이 연주시차를 제대로 알아낼 수가 없었습니다. 튀코 브라헤는 이런 이유로 코페르니쿠스의 지동설이 틀렸다는 결론을 내렸습니다.

그러나 나중에 밝혀진 튀코 브라헤가 연주시차를 알아낼 수 없었던 또 다른 이유는 그의 이론 중 한 가설에 문제가 있었기 때문입니다. 방위각을 예측하는 과정에서 중요한 것은 별과 지구 사이의 거리인데, 튀코 브라헤는 이 거리를 너무 짧게 측정했고 당시 그가 사용한 광학기구는 그 정도의 짧은 거리의 별에서 생기는 방위각의 변화를 측정하기가 어려웠던 것입니다.

그렇기 때문에 귀납적인 방법에 의해 세워진 가설을 반증하는 사례가 나왔다고 해서 무조건 기존 가설을 부정하거나 수정할 수는 없고 어느 정도는 인정해야 한다는 견해도 나오게 되었어요. 물론 '어느 정도'인지가 문제겠지만, 이 견해에 의하면 과학은 한 시대의 사상과 문화, 과학자들 간의 이해관계 등 복합적인 구조 속에서 형성되는 일정한 '패러다임'에 따라 변화한다고 합니다.

이 의견을 제시한 사람은 토마스 쿤(1922~1996)이라는 과학자이자 철학자입니다. 그의 패러다임 이론은 당시 굉장히 획기적인 주장이었어요. 토마스 쿤에 따르면 과학은 여러 증거로 이론이 정립되기 시작하는 '전(前)과학' 단계에서 이미 정립된 이론이 또 다른 증거로 뒷받침되고 여러 하위 이론들로 조직화되어 일정한 패러다임이 형성되는 '정상과학'의 단계로 진입한다고 합니다. 그리고 체계화되고 조직화된 정상과학이 여러 반증 사례로 다시 '위기'를 맞게 되면 여기서 새로운 '혁명'이 일어나고 다시 혁명적 이론을 중심으로 한 '새로운 정상과학'이 정립됩니다.

무슨 말인지 모르겠다고요? 예를 들어 볼까요? 지구를 중심으로 천체가 돈다는 천동설이 유행하던 시기에는 당시 과학계가 천동설이라는 패러다임에 의해 전개되었어요. 이것이 광학도구(망원경)의 발달 및 사상적 변화와 맞물린 여러 반증 사례와 이론들로 반박되면서 지동설이라는 새로운 패러다임으로 전환되었지요.

과학을 설명하기 위해 시작된 패러다임 이론은 문화, 예술, 사상, 정치사회에 이르기까지 아주 많은 분야에 걸쳐 인용되었습니다. 이 이론에 따르면 모든 지식은 절대적으로 타당한 것은 없고 그것이 형성되고 응용되는 환경에 따라 달라지는 것으로 이해할 수 있어요.

그렇다면 다음과 같은 질문을 던질 수 있습니다.

모든 것이 환경에 따른 패러다임의 변화로 설명될 수 있다면 그 모든 사상과 이론은 다 상대적인 것이고 당시 상황에서는 가장 최선이고 옳은 것이라고 봐야 할까? 더 좋은 이론, 더 합당한 과학 지식은 없을까?

이런 문제는 우리가 앞서 살펴본 반증주의자들의 반박이라고 볼 수 있습니다. 과연 어느 쪽에 더 손을 들어 줘야 할까요? 이 문제는 현대 학자들도 여전히 논쟁하고 고민하는 부분입니다.

조선 시대의 외국어 공부

현대는 국제화 시대라고 합니다. 외국과의 교류를 빼놓고 우리 사회를 제대로 설명할 수 없어요. 그래서 종종 영어는 이제 기본이고 여유가 있다면 다른 외국어 하나쯤은 더 배워야 한다는 말을 듣곤 하지요. 그럴 때는 '국제화 시대가 아니었던 먼 옛날에 태어났으면 얼마나 좋을까?' 하는 생각을 할지도 모르겠습니다. 그런데 정말 외국과 교류가 필요 없었던 때도 있었을까요?

지금처럼 많은 사람이 외국어를 공부해야 하는 상황은 아니었지만 과거에도 우리나라는 항상 외국과 교류를 해 왔습니다.

특히 조선 시대에는 전통적으로 통역을 담당하는 사람을 '역관'이라고 불렀는데, 이런 통역하는 사람들을 교육하고 관리하는 '사역원'이라는 관청도 있었습니다. 사역원에서 교육한 언어는 한어, 몽골어, 만주어, 일본어 이렇게 네 가지였습니다. 이 가운데 가장 많은 사람이 공부했던 언어는 바로 지금의 중국어라고 할 수 있는 한어였어요.

그렇다면 당시의 역관은 어떻게 한어를 공부했을까요? 당시에도 중국어 회화 교재에 해당하는 학습서가 있었어요. 가장 유명한 책은 《노걸대(老乞大)》입니다. '노걸대'의 '노(老)'는 '~씨'와 같은 존칭을 말하고 '걸대(乞

大)'는 북방 몽골인이 한어를 쓰는 사람들을 부를 때 쓰는 말입니다. 그러니까 '노걸대'는 처음 만나는 중국인을 부르는 호칭 정도가 될 것입니다.

《노걸대》는 고려 말엽에 처음 만들어진 것으로 추정되는데, 고려 상인 세 사람이 북경에 가서 인삼을 팔고 중국의 특산물을 사서 돌아오는 과정을 한어로 기록한 것입니다. 그 과정에 필요한 회화를 모아 놓은 것이지요. 그 외에도 여관에 묵는 방법, 길에서 도둑을 만났을 때 도움을 청하는 방법, 물건을 흥정하는 방법, 의원을 부르는 방법, 당시 물가에 대한 대화 등 실용적인 표현이 들어 있어요. 《노걸대》는 조선 시대 중국어 학습의 기본 교재였고 역과 시험에 채택되기도 했습니다. 이보다 한 단계 어려운 《박통사(朴通事)》라는 책도 있었는데, 여기에는 중국인의 일상생활에 관한 내용이 담겨 있었다고 합니다.

외국어를 공부할 때는 책을 보는 것뿐만 아니라 듣기나 말하기도 중요합니다. 조선 시대에는 더 효과적인 외국어 학습을 위해 우어청(偶語廳)이라는 회화교실을 만들었어요. 여기서는 종일 외국어만 사용해야 했지요. 우리말을 사용하면 벌칙을 받았습니다. 심지어는 매를 맞는 형벌까지 받았다고 하니, 얼마나 엄격하게 교육했는지 알 수 있습니다. 당시에는 오랫동안 외국에 유학하는 경우가 드물어서 우어청의 교육은 매우 중요했습니다.

4장

어떻게 하면 공부를 잘할 수 있을까요?

공부의 주인은 누구일까요?

"시완아, 이번 토요일에 축구 시합하는데, 너도 같이 하자."

"아, 안 돼."

"왜? 토요일엔 별일 없을 것 아니야?"

"안 돼. 오전에 영어 학원에 가야 해."

"뭐? 토요일인데 꼭 가야 해? 그냥 같이 하자."

"그날 보충수업이 있어."

"보충인데 그냥 빠지면 안 돼?"

"아이, 안 된다니까."

"으이그, 공부가 그렇게 좋냐?"

"휴, 사실은 나도 가기 싫어. 하지만 안 가면 엄마한테 혼나고 나한테도 손해야. 난 영어 성적이 별로거든."

"야! 그럼 언제 놀아? 도대체 노는 날도 있어야지."

"나한텐 배부른 소리야. 매일 학원 가고 숙제하기도 바쁜걸."

"그럼 어쩔 수 없지."

"휴, 나도 지겹다. 공부가 지겨워."

"그런 맘으로 공부하면 공부가 잘 되냐?"

"모르겠다. 어떻게든 되겠지."

시완이는 학원에 가기로 했지만 왠지 마음이 무거워 보입니다. 공부가 지겹다는 생각이 드는데 공부를 과연 잘할 수 있을까요? 공부하는 게 내키지 않는데 당연히 책이 눈에 잘 들어 올 리가 없죠.

다른 일도 마찬가지입니다. 가령 밭에서 감자를 캐는 일

4장. 어떻게 하면 공부를 잘할 수 있을까요?

도 배가 고파서 스스로 감자를 캐는 사람은 감자를 빠르게 많이 캘 것이고, 누가 시켜서 억지로 감자를 캐는 사람은 많이 캐지 못하겠죠.

중요한 것은 공부하는 사람의 마음입니다. 다른 사람이 내 공부를 도와주기 위해 아무리 애를 써도 내가 하려는 마음이 없다면 아무 소용이 없는 일이지요. 내 공부의 주인은 바로 나니까요. 도와주는 사람은 기껏해야 공부하는 방법을 알려 줄 수 있을 뿐입니다. 그래서 이런 경우를 놓고 종종 다음과 같이 말하곤 하지요. '말을 물가로 데리고 갈 수는 있지만 물을 먹게 할 수는 없다.'

공부하고 싶게 만드는 힘은 어디서 나올까요?

'내 공부의 주인은 바로 나'라는 말은 산더미같이 쌓인 공부거리를 찾아내고 나를 더 채찍질해서 열심히 공부해야 한다는 의미가 아닙니다. 공부거리는 스스로 공부를 하고자 하면 저절로 따라오는 결과물일 뿐이죠.

내가 공부의 주인이라는 것은 무언가 알려는 의욕을 가지고 스스로 공부해 나가는 것을 말해요. 이는 다시 말하면 공부의 필요성을 절실히 느끼는 것입니다. '말을 물가로 데리고 갈 수는 있지만 물을 먹게 할 수는 없다'는 말을 잘 생각해 보세요. 말이 물을 먹는 것은 오로지 자기 목이 마를 때뿐입니다. 마찬가지로 스스로 공부의 필요성을 느낀다는 것은 자기의 부족한 부분을 채우기 위해서 스스로 공부해야겠다는 마음을 먹는 것이라고 볼 수 있어요.

'자기의 부족한 부분'은 누군가가 알려줄 수도 있지만 스스로 깨닫게 되었을 때 공부에 대한 의욕이 더 많이 생기겠죠. 자신의 부족한 부분을 스스로 느끼는 때는 당연히 뭔가에 대해 알지 못할 때입니다. 특히 막연한 것보다는 구체적으로 어떤 사물이나 일에 대해 궁금증이 생겨서 그것을 정말 알고 싶을 때 바로 이 궁금증이 '자기가 주인이 되는 공부'의 출발점이 됩니다. 그러니 공부를 할 때 가장 먼저 해야 할 것은 자기 마음속에서 일어난 '왜?'라는 궁금증을 마주하는 것입니다. 그것을 해결하는 과정이 바로 공부인 것이지요.

절실한 궁금증이 있으면 저절로 그것을 해결하고 싶어질 테고 이를 추리해 나가는 과정에서 관찰과 사색 같은 일들이 술술 이루어질 것입니다. 물론 생각이 막히는 경우도 있겠지만, 여기서 좌절하지 않고 계속 공부하는 힘 역시 끊임

없는 궁금증에서 나오지요.

그런데 관심 있는 분야라도 능동적으로 문젯거리를 찾지 않고 남이 알려 주는 것이나 이미 책에 나와 있는 것을 이해하고 습득하는 데 만족하는 경우도 있습니다. 제대로 알지 못했음에도 알았다고 여기고 넘어갈 수도 있지요.

아인슈타인과 함께 천재적인 물리학자로 불리는 리처드 파인만(1918~1988)은 자신의 강의를 들으면서 전혀 의문을 제기하지 않는 학생들의 태도를 질책한 적이 있습니다. 그는 한 학생이 의문을 제기하자 수업 시간을 허비하게 만든다며 불평하는 몇몇 학생에게 "너희야말로 자신이 잘 안다고 생각하지만 사실은 아는 것이 전혀 없다"라고 했지요. 스스로 의문을 갖고 그것을 해결하려고 노력해야 참된 지식을 얻을 수 있다는 것입니다.

공부에서 궁금증을 갖는 것이 매우 중요하다는 사실은 이미 여러 학자에 의해 제기되었습니다. 우선 장자는 "의문이 없다면 충실히 공부한 게 아니다. 충실하게 공부하면 반드시 의문이 생긴다"라고 했습니다. 그는 궁금해 하지 않는 것 자체가 이미 충분히 공부를 하지 않았다는 증거라고 했어요.

앞뒤 과정을 모두 파악하고 있는 일이 있다면 논리적으

로 맞지 않는 부분에 대해서 궁금증을 가질 수 있지만 앞뒤 맥락도 제대로 파악하지 못한 상태에서는 왜 그런 일이 일어났는가 하는 원인을 묻는 궁금증은 잘 생기지 않지요. 중요한 것은 원인을 찾고 원리가 무엇인지 묻는 것입니다.

조선 후기의 실학자인 홍대용(1731~1783)도 의문을 갖는 것을 매우 중요하게 여겼습니다. 홍대용은 천문학 연구에 몰두해 '농수각'이라는 사설 천문대를 만들어 천체를 관찰하고 당시 집 한 채 값을 들여 혼천의*를 만들었습니다. 그는 사신으로서 청나라를 방문할 때마다 청의 문물과 서양의 과학 지식을 받아들이려고 했지요. 당시 사대부들이 과거에 급제하기 위해 공부할 때, 홍대용은 순수하게 학문 연구에만 몰두했어요.

★ **혼천의** 조선에서 가장 마지막에 만들어진 천체 관측 기구 혼천의는 조정이 아니라 홍대용 개인이 만든 것이다. 그만큼 그는 우리나라 과학사에서 매우 중요한 인물인데, 이 때문에 2001년 보현산 천문대에서 처음 발견한 소행성 이름을 홍대용이라 부르게 되었다.

홍대용은 항상 궁금해 하고 묻기 좋아하는 태도가 자신을 날마다 새롭게 만든다고 여겼습니다. 한번은 그런 궁금증 많은 태도 때문에 자신의 스승 김원행의 기분을 상하게 한 적도 있었습니다. 김원행은 학자 송시열을 존경했는데 홍대용이 송시열과 사이가 안 좋았던 윤증을 옹호하자 스승 김원행이 크게 화를 낸 것입니다. 그때도 홍대용은 "큰

청나라 학자 엄성이 그린 홍대용의 초상

의심이 없는 자는 큰 깨달음도 없습니다"라고 하면서 당당하게 자기 의견을 제시했습니다. 당시에는 스승이나 부모 혹은 임금의 의견을 정면으로 반대하는 것이 무척 어려운 일이었는데도 말이지요.

그러면서 "의심을 품고 있으면서도 얼버무리며 그냥 넘어가기보다는 자세히 물어서 구별하는 게 나으며, 면전에서 아첨하며 마음에 없는 소리를 하기보다는 자기 생각을 다 밝힌 후에 서로 들어맞는 부분을 찾는 게 낫지 않습니까?"(《담헌서》* 〈기문〉)라고 했습니다.

★ **담헌서** 조선 후기 실학자 홍대용이 쓴 문집이다. 필사본으로 전해 오던 것을 1939년 후손이 발간하였다.

하지만 의심이 중요하다고 해서 생기지도 않는 의심을 억지로 만들거나 의심이 없다고 걱정할 필요는 없다고 했어요. 중요한 것은 들뜨지 않는 차분한 마음을 갖고 일을 대하되 의심이 생기면 반복해서 탐구하는 것이라고 여겼지요. 그리고 "글에만 의존하지 말고 때로는 일을 하며 깨닫고 때로는 노는 중에 생각해 보는 등, 걸을 때나 앉을 때나 누울 때나 수시로 의심나는 것을 계속 연구하면 통하지 않는 것이 거의 없다"《담헌서》〈여매헌서〉라고 했습니다.

그의 영향을 받은 박지원(1737~1805)도 모르는 게 있으면 길 가는 사람을 붙들고서라도 물어야 한다고 했습니다. "하인이라 하더라도 나보다 하나라도 더 아는 것이 있다면 찾아가서 물어야지, 모르는 것이 부끄러워 묻지 않으면 평생 고루하고 무식한 데서 벗어날 수 없다"《연암집》〈북학의서〉는 것입니다.

★ **연암집** 조선 후기 정조 때의 실학자 박지원이 쓴 시문집이다. 〈열하일기〉를 비롯해 그가 남긴 모든 시문을 수록하고 있다.

소크라테스와 공자 역시 모르는 것은 모른다고 하는 게 아는 것이라고 했습니다. 공자는 모르는 것을 부끄러워하여 묻지 않는다면 끝내 모를 것이요, 모른다고 생각해 반드시 알려고 한다면 마침내 알게 될 것이라고 했어요. 과거에 공부했던 훌륭한 사람들이 시대와 장소를 초월해서 이렇게 비슷한 생각을 갖는 것을 과연 우연이라고만 할 수 있을까요?

한 번에 다 아는 방법은 없을까요?

자, 공부의 시작을 궁금증에서 끄집어냈다면, 그다음엔 어떻게 해야 할까요? 당연히 궁금증을 풀어 가야 하겠지요?

문제는 해답을 찾는 과정이 궁금증이 무엇이냐에 따라 굉장히 쉬울 수도 있고 또 어려울 수도 있다는 거예요. 한 번에 풀릴 수도 있지만 수없이 알아보고 생각해야 풀릴 수도 있지요. 그렇다면 궁금증을 해결하기 위한 가장 좋은 방법은 무엇일까요? 너무 어려운 것은 결국 알 수 없을 거라고 생각하고 그냥 넘어가야 할까요? 한 번에 여러 단계를 뛰어넘어 해답을 찾는 방법은 없을까요?

우리보다 먼저 아주 오랜 세월 동안 공부했던 사람들도 이 문제에 대해서 꽤 많은 고민을 했을 것입니다. 이들에게는 몇 가지 공통된 생각이 있었어요. 우선 공부가 너무 어렵다고 포기하면 안 된다는 것입니다. 그러면 새로운 것을 알기가 어렵겠지요.

공자는 자신의 도덕적 이상을 세상에 펼치기 위해서 그

의 제자들과 함께 여러 나라를 떠돌며 생사를 넘나드는 고생을 했습니다. 어느 날 제자 중 하나가 "선생님의 도를 좋아하지 않는 것은 아니지만, 너무 힘에 부칩니다"라고 했어요. 그러자 공자는 "힘에 부치는 자는 도중에 그만두고 돌아서는 법이다. 지금 너는 스스로 마음속에 선을 긋고 있는 것이다"《논어》라고 말하면서 크게 질책했습니다.

공자는 스스로 한계를 그으면 반드시 중간에 포기하고 말 것임을 안 것이지요. 생각이 반이라 자기가 어떻게 마음먹느냐에 따라 일을 완성할 수도 있고 해 보지도 않고 그만둘 수도 있으니까요.

그러면 단번에 궁금증을 해결하고 공부를 완성하는 방법이 있을까요? 정말 그런 방법이 있으면 좋겠지만 아쉽게도 그런 방법은 없습니다. 단계를 건너뛰어 알게 된 사실이 있다면 그건 제대로 아는 것이 아니고 결국 뛰어넘은 단계만큼 빈 곳이 생기게 마련이지요. 대부분의 학자가 이것을 매우 경계했어요.

송나라 때 성리학을 집대성한 주희는 학문을 등산에 비유했어요.

"사람들은 대부분 높은 곳에 오르려고 하지만 낮은 곳부

터 오르지 않으면 결국 높은 곳에 도달할 수 없다는 것을
알지 못한다."
-《주자어류》

　한마디로 기초를 튼튼히 하는 게 중요하다는 것이지요. 이렇게 차근차근 공부를 하다 보면 어느 날 그동안 쌓아온 것을 바탕으로 질적인 도약을 할 수 있다고 했습니다. 전에 모르던 것이 하나하나 실타래 연결되듯이 통하는 순간이 온다는 것이지요.
　주희는 단번에 통하는 것은 이미 전부터 쌓아 온 것이 없으면 불가능하다고 했어요. 차근차근 쌓아 온 것이 있어야만 공부에도 가속도가 붙어 하나를 공부해도 두 개, 세 개를 알게 된다는 것입니다.
　우리나라 최초로 컴퓨터 백신 프로그램을 만든 안철수는 고등학교 시절 좋은 성적은 아니었지만, 항상 기초부터 차근차근 공부했다고 합니다. 다른 친구들이 여러 권의 참고서를 볼 때, 그는 한 권의 참고서만을 반복해서 보면서 차츰차츰 단계를 높여 나갔고 결국 좋은 성적을 거둬 원하는 대학에 갈 수 있었다고 합니다.
　이렇게 반복해서 노력하다 보면 내가 하는 일을 휘어잡

을 힘이 생기고 집중도도 높아집니다.

《장자》에는 이런 이야기가 있습니다. 공자가 제자들과 함께 초나라로 가던 중이었어요. 길을 가는데 어떤 노인이 나무 앞에서 대나무 가지를 들고 가만히 서서 매미를 잡는 모습이 보였어요. 노인은 꼼짝도 하지 않은 채 대나무 가지를 한 번만 움직였을 뿐인데 매미가 우수수 아래로 떨어졌지요. 마치 매미를 그냥 줍는 것처럼 보였어요. 그 모습이 너무 신기해서 공자가 어떻게 그렇게 할 수 있느냐고 물었습니다. 그러자 노인은 이렇게 말했어요.

"매미를 잡는 대나무 가지 위에 둥그런 것을 포개어 놓고 떨어뜨리지 않는 연습을 하는데 두 개를 떨어뜨리지 않으면 매미를 잡을 때 실수가 적고, 세 개를 포개어 놓고 떨어뜨리지 않으면 열 번 중에 한 번만 실수를 하게 되며, 다섯 개를 포개어 놓고 떨어뜨리지 않으면 마침내 이렇게 매미를 줍듯이 잡을 수 있게 됩니다."

그 노인이 쉽게 매미를 잡을 수 있었던 이유는 신기한 재능이 아니라 오랫동안 단계적으로 연습한 결과였던 것입니다.

노인은 또 이어서 이렇게 말했습니다.

"매미를 잡을 때 내 몸가짐은 마치 베어 낸 나뭇등걸 같고, 대나무 가지를 잡은 팔놀림은 마른 나뭇가지 같습니다. 비록 천지가 크고 만물은 많지만 그 순간은 오직 매미 날개만 생각합니다. 뒤를 돌아보지도 않고 기울어지지도 않으며, 어떤 일도 매미 날개와 바꾸지 않습니다. 그런데 어떻게 잡지 못할 수가 있겠소?"

노인은 나뭇등걸이나 마른 나뭇가지처럼 꼼짝도 하지 않으면서 오직 매미 날개에만 정신을 집중해 매미를 잡는 것이지요. 저쪽에서 누가 오는지 내 모습은 어떤지 혹은 지나가는 게 무엇인지 따위는 신경 쓰지 않고 다른 어떤 일도 돌아보지 않으며 오로지 매미 잡는 일에만 집중하는 것입니다.

어떤 일을 할 때 집중하는 것은 굉장히 중요합니다. 무언가에 집중한 그 순간에 어떤 소리도 들리지 않았던 경험은 누구나 있을 것입니다. 공부할 때도 마찬가지입니다. 한 가지에 집중하고 몰입하면 그 순간만큼은 집중하는 그 대상만 아주 크게 보일 것입니다.

《장자》에는 이와 비슷한 다른 이야기가 있습니다. 소를 잡는 직업을 가진 정(포정)이라는 사람이 있었어요. 어느 날 포정이 문혜왕을 위해서 소를 잡는데, 그 모습이 마치 춤을 추는 것 같고 칼질하는 소리가 음악을 연주하는 것 같았습니다. 문혜왕이 깜짝 놀라며 어떻게 그리할 수 있는지 묻자, 포정은 처음 소를 대할 때는 막막했지만 시간이 지나자 소의 뼈와 근육의 틈이 보이기 시작했다고 했습니다. 그래서 그 틈을 공략하면 피도 별로 흘리지 않고 칼도 닳지 않으면서 일을 할 수 있다고 했지요. 실력 없는 백정은 뼈를 건드리기 때문에 칼이 닳아 한 달 만에 칼을 바꾸고, 평범한 백정은 소의 근육을 자르기 때문에 일 년에 한 번 칼을 바꾸는데, 자기는 소의 결을 잘 알아 그 틈새에 칼을 넣어 자르기 때문에 19년 동안 한 번도 칼을 갈지 않았다고 했습니다.

이 이야기 속 포정이 소를 대하는 순간 소의 뼈와 살의 틈새가 크게 보인다고 한 것은 바로 집중의 결과입니다. 이 이야기가 단지 지어낸 옛날이야기일 뿐이라고 생각할 수도 있습니다. 물론 위와 꼭 같은 일이 있었다고 단정하긴 어렵지만 이 이야기가 의미하는 바는 분명 누구든 경험할 수 있는 내용이에요.

중세 시대에 신학을 집대성한 토마스 아퀴나스는 덩치가 크고 뚱뚱했습니다. 그는 도서관에서 오랫동안 말없이 공부하기로 유명해서 '벙어리 황소'라는 별명을 갖고 있었지요. 아퀴나스는 몸을 책상에 바짝 붙이고 공부하는 습

관이 있었는데 배가 눌려서 불편할 때가 많았어요. 그래서 좀 더 집중해서 공부하기 위해 책상 앞을 배 모양으로 둥글게 잘랐다고 합니다.

또 한국이 낳은 세계적인 첼리스트 장한나는 어릴 때부터 첼로 신동으로 유명했어요. 그녀는 첼로를 연주할 때 인상을 많이 쓰는 것으로도 유명한데요. 2009년 한국을 방문했을 때, 한 예능프로그램 진행자가 연주할 때 왜 그렇게 인상을 쓰는지 질문한 적이 있습니다. 그때 장한나는 이렇게 말했어요.

"저도 여자인데, 일부러 그러겠어요? 하지만 연주를 할 때는 아무것도 생각하고 싶지 않아요. 내가 어떤 모습인지 생각하고 싶지도 않고, 생각나지도 않아요. 연주할 때는 내 손이 어디에 가 있는지도 몰라요. 그걸 생각하면 연주가 잘 안 돼요. 연주할 때는 오직 음악에 몰입하고 나는 없어요. 내 몸은 단지 음악을 내보내는 통로일 뿐이지요."

자기 분야에서 성공한 사람들은 대부분 이렇게 자기 공부나 일에 몰입을 잘합니다. 20세기 최고의 과학자로 불리는 아인슈타인도 어릴 때부터 시끄러운 곳에서도 구석에 앉아 책을 잘 읽는 아이였어요. 굉장한 집중력의 소유자였던 것이지요. 이것도 과연 타고난 것일까요? 처음엔 어렵겠지만 계속 반복하다 보면 어느새 오랜 시간 집중하고 있는 자신의 모습을 발견하게 될 거예요.

남이 잘한다고 하면 정말 잘한 걸까요?

정말 이렇게 즐거운 마음으로 집중해서 공부를 하면 세상에 못할 공부는 없을 것 같아요. 그러면 공부는 어느 정도까지 해야 할까요? 물론 자신의 궁금증을 해결할 때까지겠지요.

꾸준히 궁금증을 해결하기 위해 노력하다 보면 성과가 조금씩 나타나기 시작합니다. 그때 많은 사람이 이 정도면 됐다고 만족해 버립니다. 누군가가 칭찬해 준다면 더더욱 그렇겠지요.

어쩌면 처음부터 남에게 인정받기 위해 공부를 시작할지도 몰라요. 부모님이 원하는 성적을 얻거나 좋은 학교에 들어가기 위해서 공부를 할 수도 있지요. 그런데 좋은 성적을 내고 좋은 학교에 가서 부모님께 칭찬받는다면 과연 공부를 잘한 것일까요? 어떤 일을 잘한다, 공부를 잘한다는 것은 과연 무엇을 기준으로 말할 수 있을까요?

궁금증을 다 해결하지 못했을 때도 누군가에게 잘한다는 말을 들을 수 있어요. 하지만 애초에 공부를 남에게 잘 보이기 위해서 시작한 게 아니었다면 여기서 만족하면 안 됩니다.

2000년 전 공자는 "옛날 학자들은 자신을 위한 학문을 했는데 지금의 학자들은 남을 위한 학문을 한다"라고 했어요. 2000년 전의 학자들도 지금 우리와 크게 다르지 않았나 봅니다.

공자의 말에서 중요한 것은 '자기를 위한 학문'과 '남을 위한 학문'의 구분이에요. 이 말은 자기의 이익을 얻기 위해서 공부를 해야 한다는 뜻이 아니라 오직 자신을 깨닫고 계발하기 위해 공부해야 한다는 것이지요. 그러니까 누군가를 만족시키거나 칭찬을 받기 위해서 공부를 하는 것은 아니라는 말입니다.

퇴계 이황은 자기를 위한 학문과 남을 위한 학문을 이렇게 구분했어요.

"자기를 위하는 학문이란 우리가 마땅히 알아야 할 도리와 마땅히 행해야 할 덕행을 아주 가까운 곳부터 공부해 마음으로 깨닫고 몸소 실천하는 것이다. 남을 위하는 학문이란 마음으로 몸소 실천하는 데 힘쓰지 않고 거짓을 꾸미고 겉치레를 좇아 명성과 칭찬만을 구하는 학문이다."

앞에서 살펴보았듯이 동양에서는 지식을 얻는 것만을 공부로 생각하지 않고 반드시 덕을 실천하는 것이 공부의 완성이라고 생각했어요. 중요한 것은 언제나 스스로 깨닫고 실천하는 것이었지요. 반면 깨달은 척하거나 명성만을 구하는 학문은 거짓이라고 생각했습니다.

굳이 덕을 쌓는 게 아니더라도 내가 알려고 하는 게 나를 계발하기 위한 것이 아니면 알고 난 이후에도 삶의 방향을 찾지 못할 거예요. 누군가 삶의 방향을 이끌어 주길 무작정 기다려야 할지도 모르지요. 따라서 내가 무엇을 하고 싶고 무엇을 해야 하는가를 스스로 결정해야만 공부와 노력이 진짜 힘을 발휘할 수 있습니다.

《수레바퀴 아래서》, 《데미안》, 《싯타르타》, 《유리알 유희》 등 많은 소설로 노벨 문학상을 받은 헤르만 헤세(1877~1962)도 자기 물음을 풀기 위해 평생 노력한 사람입니다. 그는 기계화된 현대문명과 사회적 압박 속에서 늘 자기 자신을 찾으려 했던 문학가였습니다.

헤르만 헤세는 선교사 집안에서 태어나 신학자의 길을 걷기 위해 학교에 들어갔지만, 신학자가 되고 싶진 않았습니다. 그래서 결국 7개월 만에 학교를 그만두고 자신의 길

을 찾으려 노력했습니다. 그의 젊은 시절은 그야말로 질풍 노도의 시기였고 늘 자기 안에 솟구치는 것을 좇아 헤맸죠. 그리고 그런 방황하는 자아를 소설의 주인공으로 삼았어요.

헤르만 헤세는 소설로 명예와 부를 얻은 뒤에도 안주하지 않고 자신을 찾는 여행을 계속했습니다. 마음속에 자기 자신에 대한 물음을 결코 놓지 않았던 것이지요. 그는 '내 안에 솟구치는 것을 알고 싶었을 뿐인데 그게 왜 그리 힘들었을까?'라고 자문했지만, 그 덕분에 방황하는 다른 이들에게 위안이 되는 글을 쓸 수 있었어요. 헤르만 헤세는 남들이 알려 준 길이 아닌 자기만의 길을 찾아 평생 고뇌하고 공부했던 사람이었습니다.

즐기며 공부하면 지루할 틈이 없다

자신이 주인이 되어 스스로 길을 찾아 공부해야 한다면, 왠지 의미심장하고 비장한 생각이 들 수도 있습니다. 그런데 공부란 그렇게 심각하고 진지하기만 한 것일까요?

꼭 그렇지만은 않아요. 마음속에 품은 문제를 해결하기

리처드 파인만

위해 노력하는 것은 자신이 좋아서 하는 일이에요. 진정한 자기 공부라면 궁금증이 해소되는 과정에서 흥이 나지 않을까요?

리처드 파인만 박사는 물리학을 아주 쉽고 재밌게 강의하기로 유명했습니다. 그는 일상 속에 벌어지는 일과 물리학을 연관해 설명하는 재주가 뛰어나서 그의 강의실에는 항상 많은 학생이 몰려들었다고 합니다.

그는 실제로 생각하고 경험할 수 있어야 진정한 과학이라고 생각했어요. 예를 들어 어떤 책에 "마찰 형광이란 결정체가 부서질 때 빛이 방출되는 것을 말한다"라는 설명이 있다면 그것은 그냥 한 단어를 다른 말로 설명한 것일 뿐, 그 속에 자연현상을 설명하는 과학은 없다고 했습니다. 대신 "캄캄한 방에서 단단한 설탕 덩어리를 부수면 파란 빛이 난다. 왜 그런지는 아무도 모르지만 이런 현상을 마찰 형광이라고 한다"라고 해야 다른 누군가 체험해 볼 수 있는 진정한 과학이 된다고 했지요.《파인만씨 농담도 잘하시네》.

파인만은 일상 속에서 볼 수 있는 자연현상을 마치 수수께끼를 풀듯이 여러 가지로 추론하고 증명하면서 원리를 이해하려고 했습니다. 파인만에게 물리학은 재미있는 놀이였지요.

그의 이런 생각은 이미 어릴 때부터 형성된 것이었어요. 파인만의 아버지는 아들에게 어떤 현상을 설명해 줄 때, 항상 특징이나 원리를 이야기해 주려고 했어요. 지나가는 새의 이름이 무엇인지 알려줄 때도 "이 새는 왜 자꾸 자기 몸을 쪼는 것일까?"라는 물음을 제시하고 그 이유를 생각해 보게 했어요.

또 이런 일화도 있어요. 파인만이 장난감 기차를 가지고 놀다가 장난감 기차 한쪽에 든 구슬이 기차가 출발할 때 뒤로 움직이는 것을 보고 아버지에게 그 이유를 물었어요. 그러자 아버지는 "사물은 멈춰 있거나 움직일 때 그것을 그대로 유지하려는 습성이 있어. 그런데 왜 그런지는 아무도 모른단다. 이런 것을 관성이라고 불러"라고 말해 주었지요. 사물의 이름을 아는 것과 사물을 아는 것은 다르다는 생각, 그리고 스스로 궁금증을 찾아 해결하려는 파인만의 공부 태도는 아주 어릴 적부터 아버지의 교육 속에서 만들어진 것이었어요.

그는 초등학생 시절에 이미 모터나 증폭기(전기신호의 전압·전류 등을 크게 하는 장치)를 가지고 놀았고 전구와 전지를 연결해서 실험을 하기도 하고 벨이 울리는 장치를 만들어 보기도 했어요. 그리고 고장 난 라디오 고치는 것을 즐겼지요. 몇 가지 단서로 라디오가 고장 난 원인을 알아낸 뒤 수리를 하는 것은 파인만에게 아주 재미난 놀이였어요. 공부를 의무감으로 한 것이 아니라 진정으로 즐기면서 한 것이지요.

이때 얻은 쾌감이란 이루 말할 수 없는 것이었습니다. 혹 파인만은 천재라서 공부가 놀이처럼 즐거울 수 있었다고 생각하는 사람도 있을지 모르겠습니다. 그런데 공부의 즐거움은 천재만이 느낄 수 있는 것일까요? 공부의 즐거움이 천재의 전유물이라는 생각이 과연 맞는지는 생각해 볼 필요가 있어요.

히로나카 헤이스케(1931~)는 1970년에 수학계의 노벨상이라고 불리는 필드상을 받은 수학자이자 《학문의 즐거움》이라는 책을 쓴 작가이기도 합니다. 그는 이 책에서 열심히 공부해도 자꾸만 잊어버리는 것들을 왜 계속 공부해야 하는가를 설명하기 위해 자신이 느낀 학문의 즐거움을 이야기했어요.

헤이스케는 시골 상인의 열다섯 남매 중 일곱 번째 아들로 태어났어요. 전쟁을 겪으면서 집안 형편이 어려워졌기 때문에 어릴 때부터 일을 많이 해야 했습니다. 심지어는 대학 입학시험을 보기 일주일 전까지도 거름통을 들고 밭에서 일을 해야 했죠.

헤이스케의 집안 분위기는 공부와 거리가 멀었고 부모님도 교육을 많이 받은 분이 아니었어요. 하지만 그의 어머니는 그가 어떤 질문을 해도 답해 주려고 노력했어요. 그래서 그에게 생각하는 것 자체가 매우 중요하다는 것을 심어 주었죠. "물속에서는 손이 왜 가벼워지나요?" "목소리는 어떻게 나요?" "작은 눈으로 어떻게 큰 집이나 경치를 볼 수 있어요?" 등 아무리 어려운 질문을 해도 헤이스케의 어머니는 그냥 모른다고 하지 않고 "글쎄, 왜 그럴까?" 하고 같이 생각해 주었어요. 그리고 때로는 동네 의사나 어른에게 같이 가서 물어보고 답을 듣게 해 주기도 했지요.

헤이스케는 생각하는 것을 좋아하는 사람이라면 누구나 공부할 수 있으며 공부의 기쁨을 맛보게 된다고 말했습니다. 그는 대학교 3학년 때 수학을 전공하면서 공부를 제대로 시작했다고 해요. 남들보다 늦은 시기에 공부를 시작했기 때문에 그는 자신이 천재가 아니라 노력하는 사람이라

고 했지요. 하지만 공부를 시작한 이후에는 진지하고 피나는 노력으로 많은 것을 이루어 냈습니다.

헤이스케는 자신이 평범하기 때문에 어떤 문제를 해결하기 위해서는 항상 남보다 두세 배 더 노력해야 한다고 믿었습니다. 그래서 '문제와 함께 잠잔다(Sleep with problem)'고 할 정도로 자신이 풀어야 할 문제를 늘 생각했어요. 몇 번의 실패를 거치는 동안에도 결코 생각의 끈을 놓지 않았고 사람들이 안 될 거라고 비웃어도 포기하지 않았지요. 그리고 결국 수학계에서 해결 불가능했던 연구에 성공합니다.

헤이스케는 말했습니다. "어떤 학문이든지 발견하고 창조하는 기쁨이 있다. (……) 창조의 기쁨 중 하나는 자기 안에 잠자고 있던, 전혀 생각하지 못했던 재능이나 자질을 찾아내는 기쁨, 즉 새로운 나를 발견하고 더 나아가서는 나 자신을 보다 깊이 이해하는 기쁨이라고 말하고 싶다. 창조하려면 먼저 배워야 한다."

그는 최고의 인생이란 창조의 인생이고 창조의 길을 열어 주는 것은 공부라고 했어요. 그래서 어떤 어려움에 부딪히더라도 인생의 창조적 기쁨을 누리게 해 주는 공부를 포기하지 않았던 것입니다.

공부의 즐거움은 시대와 지역을 초월해서 학자들의 중요

한 주제였습니다. 파인만이나 헤이스케보다 약 500년 전에 살았던 조선 시대의 유학자 서경덕도 책 속에서 남이 한 이야기를 보고 이해하기보다는 스스로 사물을 관찰하고 원리를 이해하는 것을 즐겼던 사람 중 하나지요.

당시에는 훌륭한 선배 학자의 글을 열심히 읽고 익히는 것이 중요한 공부였는데, 유독 서경덕은 체험을 중요하게 여겼습니다.

어린 시절 그는 너무 가난해서 춘궁기(묵은 곡식은 다 떨어지고 햇곡식이 익기 전인 궁핍한 봄철)가 되면 들에 나물을 캐러 가곤 했어요. 그런데 어느 때는 늦게 오는데도 광주리에 나물도 잘 채워 오지 못했습니다. 부모님이 이상하게 여겨 그 이유를 물었지요. 그러자 그는 나물을 캘 때 우연히 하늘을 날아오르는 새를 발견했는데, 그 새가 어떤 날은 한 치 높이로 날고 어떤 날은 두 치 높이로 날더니 날이 갈수록 점점 높게 나는 것을 보고 왜 그런지 따져 보다가 늦었다고 대답했습니다.

그는 늘 관찰과 사색을 즐겼고 그런 다음에 책으로 이를 확인하는 방법으로 공부를 했어요. 스스로 관찰하고 깊이 생각하지 않으면 아무리 독서를 해도 소용이 없다고 했습니다.

이런 점은 공자도 마찬가지였어요. 《논어》의 첫 구절이 "배우고 때때로 익히면 기쁘지 아니한가?"로 시작하는 것만 보아도 이를 알 수 있지요. 이 말은 배운 것을 때때로 공부하고 거기서 새로운 것을 알게 되면 매우 기쁘다는 것입니다. 공자는 "아는 것은 좋아하는 것만 못하고, 좋아하는 것은 즐거워하는 것만 못하다"라고 말했습니다. 의무감 때문에 알려고 하는 공부는 좋아서 알고 싶어 하는 공부보다 못하고 놀이로 즐기는 공부가 만들어 내는 창조적인 결과는 어느 것에도 비길 수 없습니다. 우선 내가 궁금해 하고 좋아하는 분야를 찾아 공부하고 그것을 즐길 수 있어야 좋은 결과도 얻을 수 있어요.

선비들의 마음 집중법

옛날 선비의 모습이라 하면 흔히 방 안에 앉아 책만 읽는 허약한 모습을 떠올립니다. 그런데 사실 선비들은 책 읽는 공부와 함께 다양한 교양을 익혔습니다. 유학을 공부하는 선비는 보통 육예(六藝)를 익혔지요. 육예는 예의범절, 음악, 활쏘기, 말 타기나 마차 몰기, 붓글씨 쓰기, 수학입니다. 이것은 모두 선비라면 갖추어야 할 교양으로 정해진 것이지요. 이 중 몇 가지는 심신을 단련해 공부를 잘하기 위한 것이 목적이었어요. 특히 활쏘기와 붓글씨 쓰기가 대표적입니다. 활쏘기는 정신을 집중해서 내가 서 있는 자리와 과녁의 거리, 각도 그리고 바람의 방향 등을 고려해서 중심을 맞추는 것입니다. 조금이라도 정신이 흐트러지면 화살이 과녁의 중앙에서 벗어나거나 엉뚱한 곳에 꽂히지요. 우리 조상들은 예부터 활쏘기를 중요하게 여겼고 활을 잘 쏘기로 유명했어요. 활쏘기를 단순한 기예라기보다는 정신수양 과목으로 많이 활용해 왔습니다.

　붓글씨 쓰기는 보통 '서예'라고도 부르지요. 붓글씨 역시 마음이 흐트러지면 글씨가 흔들리고 조화와 균형이 깨집니다. 처음엔 선 하나를 곧게 그으려 해도 잘되지 않습니다. 익숙해진 이후에도 마음이 흔들리면 선이 휘게 되지요. 그래서 글씨를 이루는 점과 선의 모습, 묵의 농도, 글자 간의

간격, 글씨에 담긴 힘 등을 보면 글 쓴 사람의 마음 상태나 성향을 알 수 있다고 합니다.

붓글씨 쓰기는 하얀 종이에 검은 먹을 이용해 글씨를 쓰는 단순한 작업 같지만 결코 단순하지가 않습니다. 심지어는 글씨의 흐름과 글씨가 없

는 하얀 부분, 즉 '여백'의 미도 검토의 대상이 되지요. 그래서 부모나 스승은 자식이 글씨를 쓰는 모습을 보며 마음 상태를 바로잡는 조언을 해 주기도 했어요.

　마음을 집중하는 방법은 이것만이 아닙니다. 옛 선비들은 정신을 집중하는 연습을 하기 위해 잔을 손 위에 올려놓고 앉아 오랫동안 흔들리지 않게 하는 훈련, 벽의 한곳을 응시하는 훈련 등을 하기도 했습니다. 심지어는 목 앞에 칼을 대고 앉는 경우도 있었지요. 조선 초기 남명 조식 선생(1501~1572)과 근·현대 불교에 뚜렷한 업적을 남긴 경허 대선사(1846~1912)가 그런 방법으로 공부를 했다고 합니다.

　이렇게까지 하는 것이 지나치다고 생각할 수도 있습니다. 하지만 중요한 것은 과거의 선비들이 마음을 집중하는 연습을 일상에서 끊임없이 실천했다는 점입니다. 그리고 붓글씨 쓰기는 오늘날에도 정신을 집중하기에 매우 유용한 방법입니다.

5장
한 가지 공부만 잘하면 되지 않을까요?

그림만 열심히 그린다고 훌륭한 화가가 될까요?

"희진아, 네 꿈이 화가였어?"

"응, 난 화가가 되고 싶어."

"그래서 미술학원에 열심히 다니는구나."

"응. 그림 그리는 게 재밌어. 다른 건 안 하고 하루 종일 그림만 그려도 좋아."

"그래? 정말 그 정도로 좋아?"

"히, 거짓말 조금 보태서. 너는?"

"나는 여기에 쓴 것처럼 좋은 집을 만드는 건축가가 되고 싶어."

"그래? 그럼 수학을 열심히 해야겠네. 너 수학 잘해?"

"아니, 뭐 수학보다는 컴퓨터를 열심히 하고 있어."

"그래. 내 꿈이랑 관련된 한 가지만 잘하면 되지 뭐. 나도 솔직히 수학이나 과학 같은 건 안 했으면 좋겠어. 화가한테 그런 건 필요 없잖아. 난 화가만 되면 되니까 그림 공부만 했으면 좋겠어."

"나도 그렇게 생각해. 어디 보자, 이제 구체적인 실행계획을 쓸 차례네. 목표를 이루기 위해 해야 할 것들이 뭐가 있더라……. 컴퓨터 말고는 생각이 안 나네."

"그러게, 나도 그림만 잘 그리면 되는데 뭘 더 쓰지? 그림을 잘 그리기 위해 뭘 해야 하냐고? 그냥 계속 그림을 그려 보면 되는데 뭐 이렇게 많은 걸 쓰라고 하지?"

"그러게, 나도 별로 쓸 내용이 없네."

　그림을 잘 그리려면 정말 어떻게 해야 할까요? 그림을 그릴 때 가장 기본이 되는 요건은 사물을 있는 그대로 잘 표현해 내는 능력일 것입니다. 자기 생각을 추상적으로 표현하는 작업도 이런 능력이 바탕이 되어야 할 수 있는 것이지요. 사물을 있는 그대로 잘 표현하려면 우선 사물을 잘 관찰하는 능력이 있어야 합니다. 사물의 세밀한 부분, 세부 묘사와 그림자까지도 파악할 수 있어야 합니다. 그림을 그릴 당시의 날씨 혹은 시간대에 따른 색이나 그림자의 변화를 알면 그림을 더 잘 그릴 수 있다는 것은 두말할 필요도 없을 것입니다. 이때 과학적인 지식이 뒷받침해 준다면 관찰한 사물을 훨씬 구체적으로 표현해 낼 수 있을 거예요. 그런 점에서 그림을 잘 그리기 위해서 그림 그리는 것 이외에 다른 공부가 필요하지 않다는 것은 다시 생각해 볼 필요가 있습니다.

르네상스 시대에는 사람의 몸을 실감나게 표현한 작품이 많았습니다. 화가들은 인체의 모습을 있는 그대로 표현하기 위해서 인체를 구성하는 뼈와 근육에 대한 지식을 가지고 있었다고 합니다. 해부학을 공부한 것이지요.

미켈란젤로(1475~1564)가 조각한 작품 〈다비드상〉은 인체 근육을 완벽하게 묘사한 것으로 유명합니다. 그는 해부학을 매우 잘 알고 있었기에 작품에 해부학적 지식을 충실히 반영했습니다. 심지어 작품 속에 인체 내장의 단면 모양을 넣었다는 설이 있을 정도입니다. 그는 시스티나 대성당의 천장에 구약성경 속 장면을 그렸는데 그 그림 속에 인체 해부도가 숨어 있다는 것입니다. 오른쪽 그림은 시스티나 성당 천장화 중 하나님이 아담을 만들고 막 생명력을 불어넣으려고 하는 장면을 그린 〈아담의 창조〉입니다. 하나님의 뒤에는

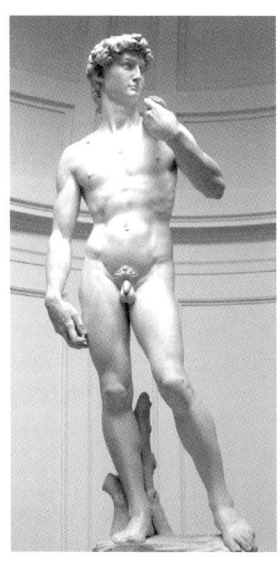

미켈란젤로, 〈다비드상〉, 1504

미켈란젤로, 〈아담의 창조〉, 1512

이브를 비롯해서 그 뒤에 태어날 사람들이 있고요. 그런데 여기서 하나님과 사람들을 둘러싸고 있는 것의 모양이 두 개골의 단면도와 일치한다고 합니다.

레오나르도 다빈치(1452~1519)는 미켈란젤로보다 훨씬 해부학에 몰두했던 사람입니다. 그는 인간의 근육과 뼈대 및 장기의 모습, 심장에서 피가 순환되는 원리 등을 알기 위해 시체를 직접 해부하고 모의실험을 해 보기도 했습니다. 그리고 그 과정과 결과를 간단한 스케치로 남겼습니다.

첫 번째 그림은 빛이 비추는 각도에 따라 얼굴의 밝기가 달라지는 것을 묘사하고 그 내용을 설명한 것이고, 두 번

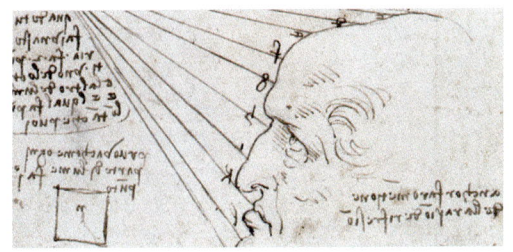

다빈치의 어깨 관절 스케치

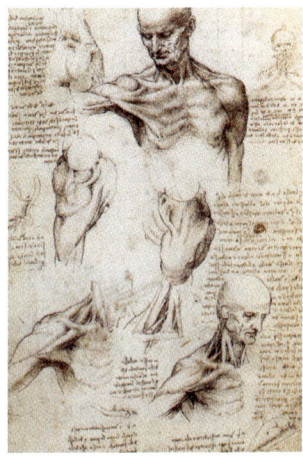

다빈치의 빛과 얼굴의 밝기에 관한 스케치

째 그림은 어깨의 관절과 근육을 관찰하고 그 움직임에 대해서 설명한 것입니다. 레오나르도 다빈치는 이렇게 정밀한 과학적 근거를 바탕으로 그림을 그렸습니다. 그가 그린 대표적인 그림 〈모나리자〉에는 이런 점이 잘 나타나 있습니다.

모나리자의 얼굴은 좌우로 나누어 보면 비대칭인데, 오른쪽은 무뚝뚝하고 왼쪽은 부드러워 보입니다. 모나리자의 미소는 거의 왼쪽에 몰려 있어요. 이렇게 그린 이유는 무엇일까요? 우리의 두뇌 중 몸의 왼쪽을 관장하는 우뇌가 좌뇌보다 감정에 더 관여하기 때문에 우뇌가 관장하는 얼굴 왼쪽에 감정과 관련된 표정이 더 강하게 표현됩니다. 모나리

레오나르도 다빈치, 〈모나리자〉, 1503~1506

자의 미소가 왼쪽에 몰려 있는 것은 이런 이해를 바탕으로 한 것입니다. 또 모나리자의 미소에서 입 끝이 올라간 것은 얼굴에서 입술 근육은 입을 닫는 데 사용되고 입술 양쪽에 있는 근육은 웃을 때에 사용되는 것을 반영한 것입니다. 그는 웃을 때 사용되는 근육과 얼굴 모양의 변화까지도 섬세하게 연구해 그림에 담으려고 했던 것이지요.

마음의 작용까지 과학으로 설명할 수 있다고요?

그림을 잘 그리기 위해 인체 해부학과 광학 등을 연구했던 다빈치는 다른 과학 분야에도 관심을 갖고 직접 관찰과 실험을 했습니다. 그는 모든 자연현상을 신의 섭리로 돌리려는 이전 시대를 무척 비판했어요. 과학적인 탐구만이 진정한 공부라고 생각했고 이것을 통해 자연의 원리를 다 알아낼 수 있다고 여겼지요.

레오나르도 다빈치가 살았던 시대 이후 과학은 계속해서 발전해 왔습니다. 과학적 연구가 발전함에 따라 그동안 몰랐던 사실들이 새롭게 밝혀졌고, 실험을 통해서는 알 수 없다고 생각했던 부분도 과학으로 설명할 수 있는 것들이 많아졌어요.

특히 사람의 마음과 그 속에서 일어나는 변화 등은 관찰과 실험으로 원리를 설명하는 게 불가능하다고 여겼어요. 그런데 인체에 관한 연구가 쌓이면서 사람이 기쁘거나 우울할 때 우리 몸속에서 작용하는 호르몬이나 뇌의 각 영역에서 작용하는 인지능력 등에 대한 해답이 속속 밝혀지고 있습니다. 뇌 과학이 발달하면서 마음을 설명해 낼 수 있는 새로운 방법이 제기된 것이지요.

뇌 과학이 지금보다 더 발달하면 마음에 대한 더 많은 것을 설명할 수 있기 때문에 마음의 작용이 곧 뇌신경의 작용이라고 보는 견해도 생겨났어요. 무언가를 지각하는 것,

아는 것, 기억하는 것, 어떤 감정에 휩싸이는 것을 뇌의 작용과 호르몬 현상으로 설명할 수가 있게 된 것입니다.

가령 눈앞에 있는 아이스크림을 보고 먹고 싶다는 생각이 들었다고 해 봅시다. 그러면 우리 뇌에서는 어떤 일이 벌어질까요? 우선 뇌의 가장 바깥쪽인 대뇌피질의 후두엽에서 순식간에 모양과 색을 파악하면 전두엽에서 그것이 아이스크림이라는 판단을 하게 되지요. 이러한 현상은 뇌신경의 작용으로 설명 가능한 것입니다.

뇌 과학으로 사랑이라는 마음 현상도 설명할 수 있습니다. 뇌에서 도파민이라는 호르몬이 나오면 사랑의 감정이 일어난다는 것이죠. 사랑에 빠지면, 기분을 좋아지게 하는 도파민 분비량이 늘어나서 행복이 솟구치고 그 작용은 사랑하는 사람과 함께할 때 더 왕성해집니다. 반대로 사랑하는 사람을 만나지 못하게 되면 도파민 분비량이 줄어들면서 불안하고 우울해지며 이전의 행복한 상태를 그리워하게 되는 것입니다.

사랑 이외에도 뇌 과학으로 새롭게 해석할 수 있게 된 대표적인 것이 인간의 도덕성입니다.

맹자는 어린아이가 우물에 빠지려고 하는 것을 보는 순간 사람들은 즉각적으로 그를 구하려고 한다는 사실을 통해 사람의 타고난 선한 마음에 대해 설명했습니다. 사람들이 그 어린아이를 구할 때 얼마나 칭찬을 받을까 하는 생각을 한 다음에 아이를 구하는 것이 아니라 아주 순간적으로 그렇게 한다는 사실에 주목했어요. 우리에게는 다른 사람의 아픔을 자기 아픔으로 아는 선천적인 공감 능력이 있다는 것이지요. 그렇기 때문에 인간의 본성은 선하며 얼마든지 자발적으로 선한 행동을 할 수 있다고 설명했어요.

그런데 뇌 과학에서는 이런 현상을 다음과 같이 설명해냅니다. 뇌 속에는 '거울 뉴런'이라는 신경세포가 있다고 합니다. '거울 뉴런'은 동물이 어떤 행동을 하거나 다른 개체의 행동을 관찰할 때 활동하는 신경세포를 말합니다. 이 신경세포는 다른 동물의 행동을 '거울(mirror)처럼 반영한다'고 해서 '거울 뉴런'이라고 불립니다. 거울 뉴런은 남의 행동을 볼 때 마치 자신이 행동하는 것처럼 느끼고 그런 행동을 했을 때의 느낌에 공감하게 만드는 역할을 합니다. 예를 들어 남의 손에 상처가 난 것을 보면서 나도 모르게 따끔하거나 쓰라린 느낌을 떠올리고 인상을 쓰게 되는 것이지요. 어떤 이야기를 듣고 주인공이 처한 상황에 따라 기뻐하거나 슬퍼하는 것, 월드컵 축구 경기를 보며 흥분하고 긴장감을 느끼는 것 등이 모두 '거울 뉴런'이 작용한 결과

라는 것입니다.

  일부 뇌 과학자들은 이전까지 심리학이나 철학에서 다루던 문제들을 모두 뇌 과학으로 설명할 수 있고 이것이야말로 가장 정확한 이론이라고 주장합니다. 극단적인 경우에는 심리학이나 철학은 검증할 수 없는 것이기 때문에 더 이상 연구할 필요가 없다고 하기도 합니다.

과학만으로 모든 것을 다 알아낼 수 있을까요?

이렇게 본다면 과학이야말로 모든 것을 설명할 수 있는 최고의 학문인 것처럼 보입니다. 하지만 이런 경우를 생각해 봅시다. 지하철역에서 떨어지는 다른 사람을 구하기 위해 자기 안전은 생각지 않고 철로로 뛰어내린 사람, 물에 빠진 사람을 구하기 위해 스스로 물에 몸을 던진 사람, 화재를 진압하다가 후배 소방관을 먼저 대피시키고 자신은 화염 속에서 사라진 사람……. 이런 사람들의 행동은 어떻게 이해해야 할까요? 거울 뉴런의 작용으로 고통과 위험을 공감하는 것은 설명할 수 있지만, 자신의 안전보다 남의 안전을 먼저 생각한 경우는 어떻게 설명해야 할까요?

뇌 과학은 그 영역이 무한하고 아직 발달되지 않은 분야가 많기 때문에 지금은 설명할 수 없지만 언젠가는 설명할 수 있을 것이라고 여기면 될까요? 그러니 어서 빨리 뇌 과학을 발전시키고 뇌 과학에 전념해야 할까요?

뇌 과학이 끝없이 발달할 수 있다고 믿고 기다린다고 하더라도 그렇게 되는 동안 세상을 살아가면서 우리가 부딪치는 모든 철학적, 역사적인 문제들을 그냥 내버려 둘 수는 없습니다. 또 뇌 과학이 설명할 수 없는 많은 부분이 아직 남아 있어요.

다시 사랑이라는 마음 현상에 대해 생각해 봅시다. 사랑은 여러 측면에서 바라볼 수가 있어요. 우리가 사랑을 할 때, 문학가들은 사랑이 얼마나 아름다운지 혹은 얼마나 가슴 아픈 것인지 사랑에 대한 감정을 노래합니다.

또 심리학자들은 왜 어떤 사람이 특정한 성향의 사람을 사랑하게 되는가를 설명합니다. 사랑의 감정이 표현되는 방식이 그 사람의 이전 경험과 어떤 관계가 있는지 분석해 보기도 하지요.

철학자들은 인간이 갖는 보편적인 사랑의 의미에 대해서 생각해 보기도 합니다. 사랑이 인간의 인식구조 가운데 어디에 해당하는지 분류하기도 하고 남녀 간의 사사로

운 사랑과 모든 존재에 대한 사랑을 나누어 생각해 보기도 하죠.

그러면 지금까지 말한 것 가운데 어떤 것이 '사랑'이라는 마음의 현상을 가장 잘 설명해 준 것일까요? 뇌 과학으로 이 모든 것을 다 설명할 수 있을까요?

뇌 과학은 물리적으로 마음을 설명하는 한 가지 방법일 뿐입니다. 복잡하고 다양한 마음을 제대로 알아보려면 뇌 과학뿐만 아니라 심리학, 철학, 사회학, 역사학 등 여러 학문 분야가 필요합니다.

인생에 대한 어떤 목표를 설정할 때 굳건한 다짐이나 비장한 기분을 들게 하는 것이 어떤 호르몬인지는 뇌 과학으로 설명할 수 있습니다. 하지만 왜 그런 목표를 갖게 되는지 어떤 목표가 더 바람직하고 의미가 있는지는 뇌 과학이 설명해 줄 수 없습니다.

그렇기 때문에 마음이라는 것 하나를 이해하기 위해서는 다양한 분야의 연구가 필요한 것입니다. 한 분야를 제대로 알려면 다른 인접 분야까지도 알아야 하는 것이지요.

조선 시대 실학자로 잘 알려진 정약용(1762~1836)은 본래 유학을 공부했습니다. 그는 유학의 모든 경전을 섭렵하고 훌륭한 인격을 갖추는 일을 소홀히 하지 않았어요. 하지만 다른 유학자들이 그랬듯이 더 좋은 사람이 되어서 좋은 사회를 만들기 위한 구체적인 실행 방법도 늘 생각했어요. 오늘날로 치면 정치, 경제, 행정, 법률 전반을 고민한 것이지요.

그는 국가 세금제도나 행정제도, 토지개혁안 같은 것을 구상하고 그 내용을 《경세유표》, 《목민심서》, 《흠흠신서》 등의 책에 담았습니다. 그가 주장한 '여전론'은 30가구의 농가를 작은 행정조직인 1여로 삼고 1여마다 관리자를 두어 관리자의 통제에 따라 땅을 공동으로 경작하는 제도입니다. 정약용은 여기서 나온 농작물 가운데 일정한 부분은 나라에 세금으로 내고 나머지는 구성원이 똑같이 나누어 가져야 한다고 했지요. 정약용의 생각이 아주 구체적이라는 것을 알 수 있어요.

여기에만 머물지 않고 그는 더 넓은 영역으로 앎과 실천을 넓혀 갔어요. 천문학과 물리학 등 근본적인 자연현상을 설명하는 자연과학과 과학기술에도 관심을 가졌던 것이지요.

그는 여러 가지 건축기계를 직접 만들기도 했는데 그중에 우리에게 가장 잘 알려진 것은 수원성을 지을 때 만든 거중기라는 기계입니다. 거중기는 아주 무거운 물건을 쉽게 들어 올리고 옮길 수 있는 장치였어요.

  정약용은 왜 이렇게 많은 분야를 연구했을까요? 단지 학문적인 욕구 때문이었을까요? 바른 마음가짐을 가져서 좋은 사회를 만들어가는 데 집중한 이전의 유학자들과 달리 정약용은 구체적이고 물질적인 부분에서부터 백성이 잘사는 좋은 사회를 만들어야 한다고 생각했어요. 그래서 백성의 삶과 관련된 분야라면 모두 관심을 갖고 살피지 않은 구석이 없지요.

과학자는 과학만 잘하면 될까요?

뇌 과학과 심리학, 사회학 등을 연계해서 인간의 인지능력이나 의식구조 등을 파악하고 실생활에 응용하는 학문을 '인지과학'이라고 합니다. 좀 어려운 말이지요? 인지과학에서는 우리 마음을 일종의 컴퓨터처럼 생각해요.

  과학자들은 인지과학에서 파악한 마음의 구조와 체계를 교육에 적용하기도 하고 인공지능 로봇을 만들기도 합니다. 인공지능 로봇은 비록 사람처럼 생각하고 느끼는 것은 아니지만 사람이 하는 동작이나 단순 노동 같은 것을 대신

할 수 있습니다.

로봇 공학이 발전하면 아톰과 같은 로봇도 만들 수 있을까요? 아톰 같은 로봇을 만들어 낼 기술이 존재한다면 인간의 삶은 어떻게 변할까요?

많은 영화에서 로봇이 인간을 지배하는 상황을 묘사했습니다. 대부분의 영화에서 과학기술이 지나치게 발전했을 때 생기는 문제를 경고하는 내용을 담고 있습니다. 왜 많은 영화에서 과학의 발달을 부정적으로 그리는 것일까요?

인류는 과학기술 덕택에 과거보다 편리한 생활을 누리고 있지만, 한편으로는 그 과학기술 때문에 위기를 겪거나 고통을 경험하고 있습니다.

공장에서 한꺼번에 많은 물건을 생산할 수 있게 된 이후 사람들은 공장의 기계 부품처럼 물건을 만드는 과정의 일부만 반복해서 실행하게 되었습니다. 공업이 발달한 새로운 도시에는 농촌에서 사람들이 몰려와 인구가 넘쳐나고, 바쁘게 돌아가는 기계에 사람들의 생활을 맞추게 되었지요. 자동차는 지역 간의 거리를 좁히고 생활권을 넓혀 주었지만, 다른 한편으로는 매연으로 환경이 오염되어 자연과 사람을 위태롭게 만들고 있습니다. 전쟁에서 사람의 목숨을 빼앗아 가는 무기 역시 원래 전쟁을 목적으로 개발된 것은 아닙니다.

10세기경 중국에서 개발된 화약은 처음에 불꽃놀이와 신호용으로 만들어진 것이었고 노벨이 개발한 다이너마이트는 채석장이나 공사 현장에서 쓸 목적으로 만들어진 것입니다. 노벨은 자신의 의도와 다르게 다이너마이트가 전쟁용 살상무기로 많이 쓰이자 무척 괴로워했다고 합니다.

또 제2차 세계대전에 미국에서 원자폭탄을 개발하기 위해 맨해튼 프로젝트에 참여했던 과학자들은 대부분 원자폭탄이 실제로 쓰일 일은 없을 것이며 원자폭탄의 존재만으로도 적을 위협하고 오히려 평화를 유지할 것이라고 생각했다고 합니다. 그래서 트루먼 대통령이 일본을 공격하려고 할 때 원자폭탄을 사용하지 말아 달라는 청원을 했다고 하지요. 하지만 그들의 청원은 결국 받아들여지지 않았습니다.

지금까지 살펴본 것처럼 과학기술의 발달은 늘 우리가 인간답고 평화롭게 살기 위한 삶의 질, 가치의 문제와 연관되어 왔습니다. 하지만 처음의 이런 순수했던 목적과는 달리 잘못 쓰이는 경우가 너무나 많습니다.

20세기 화학분야에 가장 큰 공헌을 했다고 평가받는 화학자 프리츠 하버(1868~1934)는 암모니아를 대량으로 생산

할 수 있는 질산암모니아 합성 방법을 개발했습니다. 질산암모니아는 화학비료를 만드는 주원료인데 당시 사람들은 이 합성 방법이 녹색혁명을 일으킬 것이라고 생각했습니다. 화학비료가 많이 생산되어 그것으로 곡물을 키우기가 쉬워지면 곡물 수확량이 많아져서 세계 60억 인구가 모두 굶주림 없이 살아갈 것이라고 생각했기 때문이지요.

그러나 그런 일은 일어나지 않았습니다. 굶주림의 해결책은 기술에 있는 것이 아니라 분배와 관련된 사회 구조와 사람들의 의식 속에 있었으니까요. 뿐만 아니라 화학비료는 곡물의 자생력과 곡물을 키워내는 땅의 힘을 떨어뜨려서 곡물이 쉽게 병충해에 걸리게 만들어 버렸습니다. 그리고 이렇게 생긴 병충해를 막기 위해 계속해서 더 강력한 새로운 농약이 필요하게 되었지요. 화학비료가 결국 더 많은 화학약품과 병충해를 불러온 것입니다. 게다가 하버의 질산 제조법은 화약 제조에도 사용되었습니다.

과학자가 과학기술을 개발하는 일은 어떠한 가치도 개입되지 않은 순수한 연구 활동인 것 같지만 사실은 그렇지가 않습니다. 이런 의미에서 과학자는 자신이 만든 기술이 세상에 어떤 영향을 끼칠지 늘 신중히 고민해야 합니다. 과학자도 다른 모든 사람과 마찬가지로 늘 선택의 기로에 서 있

고 가치와 사리를 판단해야 하는 처지에 놓여 있습니다.

　인간의 배아를 복제해서 새로운 생명을 만들거나 다른 생명을 치유하는 것이 도덕적으로 허용할 만한 문제인지, 좀 더 빠른 이동을 위해서 산을 관통하는 고속도로나 고속철도를 뚫는 것이 개발이라는 이름으로 계속해도 되는 것인지 등 어느 것 하나 결정하기가 쉽지 않습니다. 그렇기 때문에 과학 기술자들도 항상 인간과 세계를 바로 보는 눈을 길러야 하고 스스로를 성찰할 수 있는 소양이 있어야 합니다. 그래야만 제대로 된 연구 활동을 할 수 있기 때문이지요. 그래서 현대를 살면서 미래를 고민하는 과학 기술자라면 반드시 철학, 사회학, 역사학 같은 인문학도 함께 공부할 필요가 있는 것입니다.

음악의 놀라운 힘

천재 물리학자 아인슈타인은 오랜 시간 공부하고 토론하다가 공부에 지치고 좋은 아이디어가 떠오르지 않을 때는 항상 바이올린을 켰습니다. 아인슈타인이 바이올린을 배우기 시작한 것은 어머니의 권유 때문이었어요. 처음엔 바이올린 배우는 것을 너무 싫어했지만 어느 정도 숙달된 뒤에는 즐길 수 있게 되었습니다. 나중에 아인슈타인은 바이올린을 영혼의 안식처라고 불렀습니다.

공부할 때 음악을 듣고 마음의 안정을 찾는 사례는 많습니다. 조선 시대에는 음악이 선비들의 교양과목이었던 만큼 거문고를 연주하는 선비도 많았어요. 이렇듯 음악은 공부와 아주 밀접한 관계가 있습니다. 우선 방금 아인슈타인을 예로 들었던 것처럼 음악은 복잡해진 머리를 식혀 줍니다. 음악을 통해서 마음의 안정과 평화를 얻어 다시 공부에 매진할 수 있는 힘이 생기는 것이죠.

다른 하나는 음악이 우리의 뇌를 활성화시켜서 이해력과 창의력을 길러 준다는 것입니다. 음악은 소리의 진동인데 음의 높낮이나 거기서 파생되는 분위기가 안정감을 주면 뇌가 활발하고 유연하게 활동할 수 있게 됩니다. 특히 시간 감각과 공간 감각과 관련된 추리력을 담당하는 신경세포

　가 발달한다고 하지요. 그러면 더 많은 아이디어가 떠오르고 즐거운 기분이 들게 됩니다. 공부에 대한 스트레스도 줄어들게 되고요.

　한때 태아나 영아에게 모차르트의 음악을 들려주면 머리가 좋아진다고 해서 태교음악 음반이 잘 팔리기도 했습니다. 지금까지 말한 음악의 효용을 생각해 보면 일리 있는 이야기입니다. 또 통계에 의하면 학교에 들어

가기 이전에 악기 연주를 배운 음악가는 보통 사람들보다 뇌의 좌우를 연결하는 신경다발이 더 발달되어 있고 어떤 일에 대한 계획 및 예견력이 뛰어나다고 해요. 음악에 빠져서 음악이 자기 인생의 모든 것이라고 하는 예술가들도 이런 매력에 푹 빠져 있는 것이 아닐까요?

하지만 음악 소리가 크게 들리는 이어폰을 귀에 꽂고 공부를 하는 것은 좋지 않습니다. 그런 식으로 음악을 듣는 것 자체가 건강에 해로울 수 있어요. 큰 소리가 귀를 너무 자극해서 나중에는 작은 소리를 잘 듣지 못할 수 있기 때문입니다. 그러니까 공부와 음악 듣기는 분리해서 각각의 시간에 집중하는 것이 더 좋습니다.

음악은 지능을 높여 주고 우울증 같은 병도 치료해 주는 특효약이에요. 그 시간을 그대로 누리는 것이 우리의 집중력을 향상시키고 상상력을 키우는 데 더 큰 도움이 됩니다.